安徽省高校人文社会科学研究重点项目（SK2020A0214）研究成果

朱敏◎著

企业社会责任行为动机与经济后果的研究

QIYE SHEHUI ZEREN XINGWEI DONGJI YU JINGJI HOUGUO DE YANJIU

中国财经出版传媒集团

经济科学出版社
Economic Science Press

图书在版编目（CIP）数据

企业社会责任行为动机与经济后果的研究/朱敏著
.—北京：经济科学出版社，2020.12
ISBN 978-7-5218-2187-1

Ⅰ.①企… Ⅱ.①朱… Ⅲ.①企业责任-社会责任-研究-中国 Ⅳ.①F279.2

中国版本图书馆CIP数据核字（2020）第248129号

责任编辑：杜　鹏　郭　威
责任校对：刘　昕
责任印制：邱　天

企业社会责任行为动机与经济后果的研究
朱敏　著
经济科学出版社出版、发行　新华书店经销
社址：北京市海淀区阜成路甲28号　邮编：100142
编辑部电话：010-88191441　发行部电话：010-88191522
网址：www.esp.com.cn
电子邮箱：esp_bj@163.com
天猫网店：经济科学出版社旗舰店
网址：http://jjkxcbs.tmall.com
固安华明印业有限公司印装
710×1000　16开　12印张　210000字数
2021年1月第1版　2021年1月第1次印刷
ISBN 978-7-5218-2187-1　定价：66.00元

序

现代经济高速增长的同时，环境污染、食品安全、就业难等社会问题相伴而生，使得企业社会责任成为社会公众普遍关注的热点问题。2020 年 1 月 19 日，习近平总书记在云南考察调研时指出，要树牢绿水青山就是金山银山的理念，驰而不息打好蓝天、碧水、净土三大保卫战。在坚持构建“社会主义和谐社会”及习近平总书记生态文明思想的指引下，越来越多的中国企业开始重视社会责任履行及信息披露。2020 年 7 月 20 日，习近平总书记在企业家座谈会上发表重要讲话，指出社会是企业家施展才华的舞台，只有真诚回报社会、切实履行社会责任的企业家，才能真正得到社会认可，才是符合时代要求的企业家。为此，学术界从不同的学科视角出发对企业社会责任内涵、影响因素与行为动机、经济后果等方面展开研究。

朱敏博士的《企业社会责任行为动机与经济后果的研究》基于新制度经济学、管理学、信息经济学及企业伦理学理论，结合财务会计学相关理论，运用规范研究和实证分析相结合的研究方法，对当前企业社会责任行为动机及基于该行为动机下企业社会责任对内部经营过程中的存货管理、外部信息中介机构及资本市场股价波动影响的经济后果进行系统性的阐述，并综合考虑企业股权性质、股权结构、所处行业的特征及企业所在地区的市场化程度等影响因素，从企业微观、行业中观、市场宏观的角度对研究主题展开深入细致的研究，探讨我国企业社会责任的战略实现对策。纵观全书，我认为取得的重要研究成果包括以下五个方面。

第一，对为企业社会责任起支撑或指导作用的经典假设和主要理论基础进行系统梳理。首先，新制度经济学中非财富最大化假设、有限理性假设及机会主义行为倾向假设为企业管理层履行社会责任的行为动机研究奠定理论基础；其次，产权理论、契约理论及由此派生的激励理论、委托—代理理论和信息不对称理论等理论流派，为企业社会责任行为动机研究提供理论支持；再其次，企业社会责任领域的经典理论利益相关者理论、可持续发展理论为后续企业社会责任经济后果研究提供理论支持；最后，企业伦理理论为企业实践工作中社会责任的战略实现对策研究提供理论上的指导。

第二，从财务会计学视角对企业社会责任的行为动机进行有力剖析。本书选择盈余质量和会计稳健性这两个企业会计信息质量的重要衡量指标，对企业社会责任行为动机展开实证研究。研究发现，在代理理论框架下企业管理层存在一定的私利动机，倾向于“工具性”地利用企业社会责任为自身利益服务；然而，这种行为更有可能是企业短期的功利性行为，随着时间的推移，监管力度的增强，企业会计信息质量与企业社会责任间将逐渐趋向正向关系。上述研究结论对管理层机会主义动机下企业社会责任行为提供了有力的实证支持，同时从样本期的时间长短出发，诠释了这种动机的短期性动态特征。这不仅有助于推动企业社会责任理论发展，还有助于政府的政策制定者和监管部门规范和监管企业管理层的行为，同时对企业社会责任报告强制实施外部审计的呼声给予了支持。

第三，从各方利益相关者群体权力博弈的角度出发，系统研究企业社会责任对企业内部经营之存货管理策略的影响。研究发现，企业存货管理策略受到来自不同利益相关者群体利益诉求压力的影响；企业社会责任不同维度的利益相关者权力博弈的结果使得总体企业社会责任与存货水平间呈现 U 型曲线影响关系。本研究专注于存货管理这一企业内部经营绩效实现的特定维度，结合利益相关者理论，对企业社会责任履行过程中利益相关者权力博弈对存货管理策略的影响进行了深入细致的实证研究，在“企业社会责任—内部经营（存货管理）策略—财务业绩”这一传导路径之间建立了关联，从作用路径的角度对辨析企业社会责任与财务业绩间关系的文献给予了实证支持。

第四，将企业社会责任划分为实质性的社会责任表现和形式化的社会责任信息披露两个部分，先考察社会责任信息披露对注册会计师审计决策影响的作用机理，再探讨企业社会责任表现对上述关系的影响。在一定程度上克服了现有文献将企业社会责任表现及信息披露割裂或合并进行研究的缺陷，将两者纳入统一的研究框架，使得研究更为系统和完整。结合前面的行为动机分析，完整演绎“行为动机→企业社会责任→注册会计师审计决策”之间的逻辑传导路径。同时，将企业社会责任对资本市场参与者的影响扩展到注册会计师领域，在一定程度上扩大了利益相关者理论的研究外延。

第五，通过聚焦资本市场股票定价效率，研究企业社会责任在降低股价崩盘风险方面的独特作用，在一定程度上拓展企业社会责任对投资者影响经济后果的外延。另辟蹊径地提出企业社会责任与未来股价崩盘风险之间存在显著的倒 U 型曲线影响关系。这意味着，当企业社会责任处于低水平时，社会责任的履行可能源于管理层机会主义动机，由此带来股价崩盘风险的增加；而当企业秉承“公心”更多地履行社会责任时，社会责任所带来的正向效应凸显，最终起到抑制股价崩盘风险的作用。进一步研究发现，在受到更多内外部监管的企业、有着较强社会责任意识和企业文化导向的企业中，企业社会责任与股价崩盘风险之间的影响关系更为显著。上述研究将有助于企业在股票市场中进行风险管理，同时对于试图将股价崩盘风险纳入其投资组合及风险管理的投资者而言亦有着一定的参考价值。

朱敏博士的这本专著是对其博士论文的拓展和完善。在研究期间她倾注了很多心血，围绕相关研究话题做了深入细致的研究和分析，并发表了一系列科研论文。当然，由于中国经济依然处于不断发展之中，本书涉及的无论是理论分析还是实证分析部分，都有待进一步深入，如在获取企业社会责任信息披露指标时，可进一步对社会责任报告的语气语态、不确定性等进行文本分析，这将有待在未来的研究工作中进行深入探讨。

在本书出版之际，我衷心希望她在今后的学术生涯中再接再厉，争取在会计理论研究中取得更好的成绩。

施先旺

2020 年 8 月 30 日于中南财大文泉楼

目　录

第一章　绪　论

本书将企业社会责任动机及其可能的经济后果作为研究对象，以新制度经济学、伦理哲学为研究的理论基础，借助计量经济学研究方法，倚重理论，佐以实证，从企业盈余质量及会计稳健性水平的角度对履行企业社会责任的行为动机进行实证检验，并在此基础上，分别从企业内部经营层面、外部信息中介层面及资本市场定价效率层面对社会责任履行后的经济后果展开全面深入的研究。本书在理论研究方面提出了独到的见解，有利于进一步完善企业社会责任领域的学术研究及企业社会责任实践。

本章为全书的一个概括性介绍，主要包括：（1）选题背景与研究意义；（2）研究目的与研究方法；（3）研究思路与框架；（4）研究约定四个部分。

第一节　选题背景与研究意义

一、选题背景

社会责任的思想可以追溯到两千多年前的古希腊时期（沈洪涛，2005），而最早提出企业社会责任（corporate social responsibility）一词的则是美国学者欧利文·谢尔顿（Oliver Sheldon），谢尔顿（Sheldon，1924）认为，企业社会责任这个概念应包含道德因素，企业对社区的服务有利于增进社区利益（李国平和韦晓茜，2014）。此后，霍华德·鲍尔（Howard R. Bowen）于1953年出版《商人的社会责任》（*Social Responsibilities of the Businessman*）一书，正式开启了企业社会责任研究的现代篇章。随后的几十年中，在学术界不断深化对企业社会责任研究的同时，企业界亦开始注重承担社会责任（Karnani，2010；李国平和韦晓茜，2014）。

自20世纪80年代以来，全球经济高速增长，相伴而生的是生态破坏、环境及大气污染、资源过度开发、社会公德缺失等社会问题频现并日益严重，在这样的大背景下，雾霾、食品安全、贫富差距、就业难等关键词，已然成为近几年新闻媒体曝光最为频繁的词语（王新等，2015），主流公众舆论、学术界、消费者和投资者纷纷倡导企业应履行对员工、环境或社会应尽的责任，环境保护、消费者安全、劳动者保护等社会责任议题成为当今经济社会中占主导地位的议题，得到现代社会越来越广泛的关注（郭岚和陈愚，2015），在某种程度上，企业履行社会责任被视为一种趋势（Ditlev-Simonsen，2011）。

在这样的全球大背景下，企业社会责任被纳入管理的核心，成为仅次于市场营销、财务会计的企业战略活动主要内容（Crane et al.，2008）。利益相关者要求企业承担更多的社会责任，其管理活动应具有长期的可持续性，其社会责任报告应更加透明。在构建和谐社会、节能减排、实现可持续发展理念的指导下，为了回应利益相关者的需求，树立和维持良好的社会形象，在高度竞争的市场环境中立足和长期发展，企业纷纷倡导对社会责任的承担，组建社会责任委员会，积极投入实质性的社会责任活动，主动向社会公众披露独立的社会责任报告（Gray et al.，1995）。不仅如此，有些企业甚至将社会责任履行理念应用在价值链的管理方面。如沃尔玛、宝洁、雀巢等国际知名企业集团均要求它们的商业合作伙伴或供应商遵循可持续性的社会责任标准，以维系良好的利益相关者关系（Monterio，2010）。

在企业社会责任实践活动日益普及的同时，学术界对企业履行社会责任的行为动机展开了多方面研究，主流的对立观点主要有道德假说和工具假说。那么，履行社会责任究竟是基于满足公众诉求的道德利他动机，还是企业管理层更多地考虑自身公司治理需要的工具性动机呢？这仍是当前学术界和实务界共同关心的问题。此外，学术界对于企业在不同行为动机下履行社会责任可能带来的经济后果亦展开了一定的研究。然而，现存的文献研究主要集中于探讨企业社会责任对企业财务业绩及公司价值的影响（Roman et al.，1999；Margolis and Walsh，2001；李正，2006；温素彬和方苑，2008；杨自业和尹开国，2009；Kim and Statman，2012；万寿义和刘正阳，2013；龙文滨和宋献中，2014；王华和代飞，2019）、对债务及权益资本成本的影响（孟晓俊等，2010；El Ghoul et al.，2011；Goss and Roberts，2011；李姝等，2013；徐珊和黄健柏，2015；王建玲等，2016；狄灵瑜和步丹璐，2019），但从企业内外部着手，探讨企业社会责任对企业内部经营、外部信息中介及资本市场定价效率影响的系统性研究文献则相对匮乏。

二、研究意义

2020 年 1 月 19 日，习近平总书记在云南考察调研时指出，要树牢绿水青山就是金山银山的理念，驰而不息打好蓝天、碧水、净土三大保卫战。① 2020 年 7 月 20 日，习近平总书记在企业家座谈会上发表重要讲话，指出社会是企业家施展才华的舞台，只有真诚回报社会、切实履行社会责任的企业家，才能真正得到社会认可，才是符合时代要求的企业家。②

当今社会，节能减排、可持续发展理念已成为社会共识，企业社会责任逐渐被社会各界广泛关注，越来越多的企业开始履行对利益相关者的社会责任、积极投身公益事业。那么，企业履行社会责任究竟是基于伦理道德驱使下成为良好社会公民的渴望，还是为了获取声誉资本、提升绩效，抑或是企业管理层的机会主义行为动机。基于此，国内外学术界展开了广泛研究，本书辩证总结前人的研究成果，在此基础上另辟蹊径，从企业内部信息质量的角度入手，分别检验企业盈余质量和会计稳健性对企业社会责任的影响关系，从而深入剖析企业履行社会责任的行为动机，并对企业社会责任可能带来的经济后果进行实证检验，不仅具有理论上的学术价值，而且对于实践中企业树立正确的社会责任履行价值观，倡导道德性、公益性的企业社会责任，建设社会主义和谐社会有着重要的现实指导意义。

（一）本研究的理论意义

（1）本书以新制度经济学与伦理哲学思想为理论依据，从企业内部会计信息质量角度入手，通过规范与实证相结合的方法，系统性地研究了盈余质量及会计稳健性与企业社会责任间的逻辑关系，从而深入探讨了企业社会责任的行为动机，对现有的研究企业社会责任行为动机的文献进行了拓展和补充。

（2）在现有的企业社会责任经济后果的研究文献中，多为探讨企业社会责任对财务业绩及公司价值的影响。本书则另辟蹊径，将研究视角由企业内部延展至企业外部，分别从企业内部经营（存货管理角度）、外部信息中介（注册会计师角度）及资本市场定价效率（股价波动角度）层面对企业履行社会责任的经济后果展开全面深入的实证研究，并提出企业社会责任可能是通过对上述企业内外部多方面带来影响而最终影响到财务业绩及公司价值的创新观点，从而对现有的企业社会责任经济后果方面的文献研究提供有益的拓展和补充。

（二）本研究的现实意义

在实践中，系统研究企业社会责任的行为动机和经济后果对于投资者、外部

---

① 习近平春节前夕赴云南看望慰问各族干部群众［OL］. 新华网，http：//www. xinhuanet. com/politics/leaders/2020 －01/21/c_1125490916. htm.

② 习近平：在企业家座谈会上的讲话［OL］. 新华网，http：//www. xinhuanet. com/politics/2020 －07/21/c_1126267575. htm.

信息中介（尤其是注册会计师）、监管部门、政策制定者以及其他利益相关者都具有一定的参考价值和实用意义。

（1）研究中考虑利益相关者诉求的企业社会责任与存货管理的实证研究发现其将有利于企业存货管理方面的决策制订，同时为研究者在企业内部经营决策过程中整合不同利益相关者的诉求提供了具体的参考意见。此外，对于利益相关者与存货管理策略之间关系的清晰认识也将有利于库存系统的进一步完善，有利于企业在内部经营策略层面更好地满足不同利益相关者的要求。

（2）注册会计师是资本市场的重要参与者之一。本书在研究企业社会责任经济后果时对注册会计师的审计行为进行了关注，试图探究企业社会责任对注册会计师审计决策的价值相关性，这将有助于注册会计师更好地评估被审计单位未来的经营风险及审计风险，做出合理的审计定价决策。

（3）本书研究了企业社会责任对资本市场股价崩盘可能带来的影响，对于资本市场中的投资者而言，有利于其从企业行为动机的角度出发全面审视企业履行社会责任的缘起，并加以参考，更好地做出投资决策；对于资本市场的监管部门而言，本书的研究则有助于有关部门更好地发挥监管职能，进一步规范企业行为，加强企业社会责任履行力度，保护中小投资者的利益，提高资本市场资源配置效率。

（4）对于政策制定者而言，有助于其从企业社会责任的角度出发完善企业报告披露规范、增强企业风险管理。此外，由于社会责任履行及信息披露对注册会计师审计收费的影响，本书的研究对于政策制定者进一步完善和修订审计法规和审计准则亦有着重要的指导意义。

第二节　研究目的与研究方法

本节包括两个方面的内容，分别是：本书的研究目的和完成本研究目的所采用的主要研究方法。

一、研究目的

本书主要基于新制度经济学和伦理哲学理论，在当前生态文明建设、实施可持续发展战略及构建社会主义和谐社会的新形势下，研究企业履行社会责任的行为动机及可能对企业内部经营、外部市场带来的经济后果，并有针对性地提出有利于社会责任战略实现的对策建议。

具体研究目的表述如下：首先，通过理论研究，从新制度经济学的人类行为假设、产权及契约理论的角度阐述分析企业当前社会责任履行动机的理论根源；其次，结合会计信息质量的衡量指标，实证检验企业社会责任的行为动机；再其次，在行为动机分析的基础上，按照由内而外的逻辑顺序，探讨企业社会责任对企业内部经营、外部信息中介机构及资本市场定价效率影响的经济后果；最后，对企业履行社会责任的行为进行伦理哲学角度的道德规划，提出促进企业社会责任履行的战略性实施对策，以提高企业社会责任履行的效果。

二、研究方法

为了更好地实现上述研究目的，在本书的研究过程中尝试采用了下列研究方法。具体方法如下。

首先，在本书的理论分析部分，以新制度经济学中产权、契约理论和伦理哲学思想为指导，采用文献研究法进行规范研究，综述和回顾当前学术界关于企业社会责任的内涵界定及其信息披露问题的研究，对企业履行社会责任的行为动机及可能的经济后果进行文献研究。通过对前人研究文献的整理，结合新制度经济学中三大人类行为假设（非财富约束最大化假设、有限理性假设及机会主义行为倾向假设）对企业管理层履行社会责任的行为动机展开深入的理论剖析，并从伦理哲学的角度出发，探究企业伦理与社会责任之间的渊源，为树立正确的社会责任道德观寻求理论支持，揭示其最新的发展方向。

其次，在实证研究部分，采用实证会计理论与计量经济学研究方法，数据回归分析在Stata15.0软件中完成的。主要使用描述性统计、相关性分析以及混合横截面的OLS回归、面板数据的固定效应模型回归等分析方法，从企业会计信息质量（主要以盈余质量及会计稳健性为研究指标）的角度出发，实证检验企业履行社会责任的行为动机；并在此基础上，从企业内部经营（存货管理角度）、外部信息中介（注册会计师审计角度）及资本市场定价效率（股价崩盘风险角度）层面对企业履行社会责任后的经济后果展开全面深入的实证研究。在本书的实证研究过程中，为了解决样本自选择偏差带来的内生性问题，采用赫克曼（Heckman，1979）两阶段模型进行回归检验。此外，采用分组回归的方式，实证检验企业股权性质、股权结构、所处行业的特征及企业所在地区的市场化程度等微观企业及宏观市场因素的影响效应。

第三节　研究思路与框架

本书主要探讨企业社会责任的行为动机及由此可能对企业内外部产生的经济后果。行文的逻辑思路如下：首先，对已有的相关研究文献进行综述，并对本书研究的理论基础，即新制度经济学的人类行为假设、产权理论、契约理论、利益相关者理论、可持续发展理论及企业伦理理论进行阐述；其次，结合企业会计信息质量的衡量指标盈余质量和会计稳健性，选择中国沪深两市 A 股上市公司的样本数据，通过研究企业会计信息质量指标对企业社会责任的影响关系，对企业社会责任的行为动机进行实证分析；再其次，结合对行为动机的分析，选择企业内部经营、外部信息中介及资本市场定价效率这三个角度，实证检验该行为动机作用下的经济后果；最后，提出现阶段我国企业社会责任战略实现的相关对策建议，以规范企业的社会责任行为，加强社会责任实施效果，提升企业价值。

基于上述研究思路的设定，本书研究主要包括如下六个方面的内容。

第一部分为全书的绪论部分。从企业社会责任的选题背景及研究意义入手展开阐述，提出本书研究的目的与采用的主要研究方法，简要介绍本书的研究思路及全书的基本逻辑框架，对行文过程中遵循的主要研究约定进行总括介绍，并从企业社会责任内涵及信息披露、影响因素及行为动机、经济后果等方面展开文献综述。

第二部分为理论分析。对本书研究涉及的新制度经济学的人类行为假设（非财富约束最大化、有限理性及机会主义行为倾向假设）、产权理论、契约理论及由此派生的委托—代理理论、可持续发展理论、利益相关者理论、企业伦理理论等进行阐述。

第三部分为企业社会责任行为动机的推演及实证检验。企业的会计信息质量可以反映企业经济管理质量及道德诚信水平的情况，在这部分研究中，分别从企业盈余质量和会计稳健性水平这两个常见的反映会计信息质量的衡量指标入手，分别与企业社会责任指标结合构建实证模型进行回归分析，探讨企业社会责任的行为动机。

第四部分为企业社会责任经济后果的实证检验。结合企业社会责任行为动机研究的结果，实证分析该行为动机下企业社会责任的经济后果。在此，本书按照由内而外的逻辑顺序，分别选择企业内部经营、外部信息中介及资本市场定价效率这三个角度展开研究。

第五部分为企业社会责任的战略实现对策。主要结合前面的分析，提出现阶段我国企业社会责任战略实施的相关对策建议，以敦促企业本着道德公心承担社会义务，更好地履行社会责任，提升社会责任实施效果，成为诚信道德的社会公民。

第六部分为全书的研究结论。主要对本书的研究结论进行汇总阐述，并总结本书研究过程中可能的创新点及存在的不足。

本书的逻辑框架如图 1－1 所示。

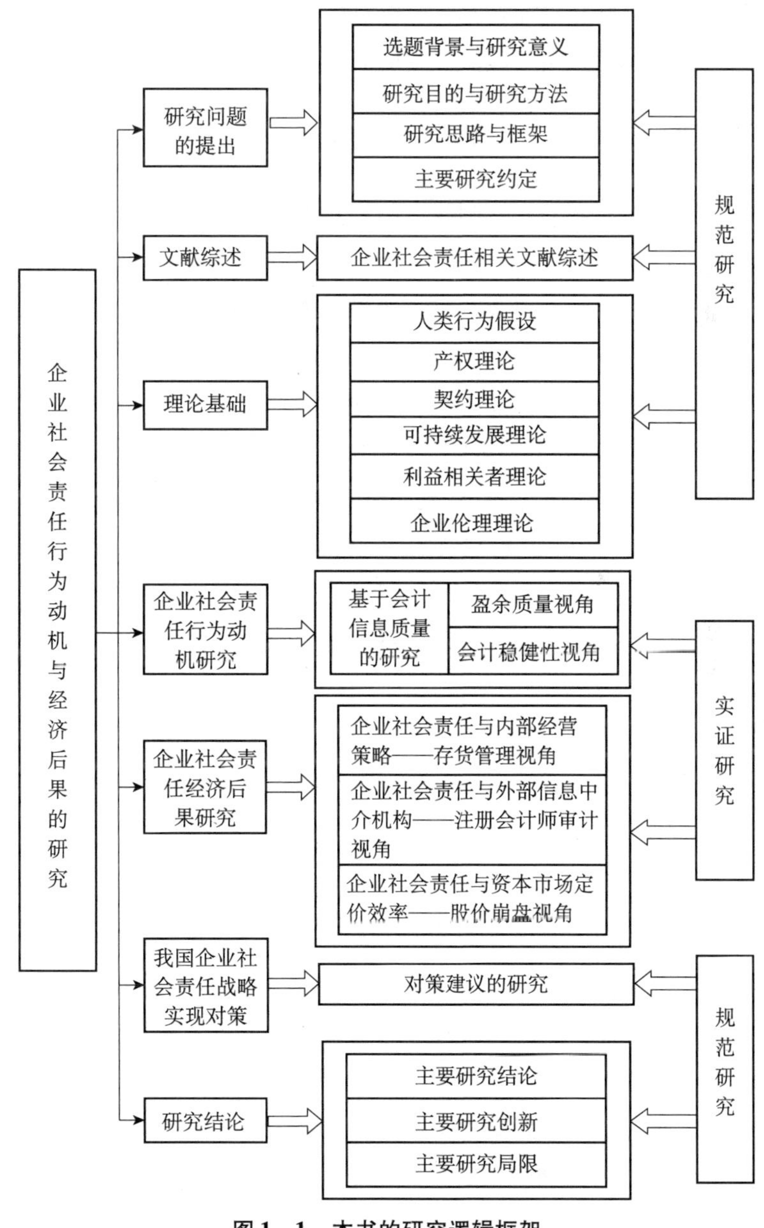

图 1－1　本书的研究逻辑框架

第四节　主要研究约定

在本书的行文过程中，为了表意准确，存在三组常见的概念需要进行研究约定：其一是关于企业社会责任及其衍生概念的界定；其二是关于行为动机与影响因素的研究约定；其三是关于经济后果的研究约定。

一、企业社会责任、企业社会责任行为（或表现）及信息披露

近年来，对于企业社会责任问题，国内外学术界展开了丰富的研究，对企业社会责任的概念进行了界定。然而，由于企业社会责任的内涵随着社会环境的变迁而不断发生变化，因此迄今为止仍未达成明确统一的定义。至今沿用最广的是美国企业社会责任领域的著名学者卡罗尔（Carroll）于 1979 年提出的一个综合性的定义，即企业社会责任指的是企业对社会所承担的经济、法律、道德和慈善四方面责任的总和（Carroll，1979），具体而言包含：（1）盈利的经济责任；（2）遵纪守法的法律责任；（3）行事正确、公正公平的道德责任；（4）通过为社会、文化及教育事业做出贡献而成为良好企业公民的慈善责任（朱敏等，2014）。企业社会责任行为（或表现）是指企业为了与各方利益相关者和谐共生，营造良好的内外部环境，在保证经济效益的同时，以政府、员工、消费者及其他利益相关者利益为出发点，实施的企业社会责任活动，上述活动有利于提高企业价值，实现企业与社会的可持续发展（冯丽丽，2013）。而社会责任信息披露主要是为了使利益相关者做出正确判断，而对企业实际履行社会责任情况所进行的信息传递（刘敏，2012）。

二、行为动机与影响因素

人的行为是由动机决定的（冯巧根，2014），动机是一种内部的心理过程，往往难以直接观察获知，但是，动机却可以通过对行为主体的活动及言语表示等常规行为的获取来进行推断（Robbins and Coulter，2008；疏礼兵，2012）。行为动机与企业目标及内在管理需要密切相关，受到企业管理需要的支配。行为动机是行为主体（企业）为实现一定的目标而表达出来的主观愿望与意图（冯巧根，2014）。

对行为动机产生影响的因素包括企业内部因素和企业外部因素，其中，企业内部影响因素对企业行为的动机产生直接影响，而外在影响因素则通过影响企业内在需要而引起行为动机的变化。本书后续第三章将考虑企业会计信息质量（分别基于盈余质量和会计稳健性的角度）对企业内部经营管理决策的影响，以此来探究企业社会责任的行为动机。

三、经济后果

1978 年，美国莱斯大学（Rice University）会计学教授斯蒂芬·A. 泽夫（Stephen A. Zeff）发表论文《经济后果学说的兴起》，因该文对“经济后果”问题开创性的研究，被后来人奉为经济后果学说的代表作。在这篇论文中，泽夫教授提出，经济后果就是会计报告对企业、投资者、债权人、工会及政府等各方利益相关者决策制定行为的影响（卢柯等，2007），由该定义可知，企业的会计信息不仅仅与公司价值相关，还有可能会影响到企业管理者及其他各方利益相关者的决策制定。因此，从本质上来说，经济后果即企业会计政策信息及其变化对利益相关者的影响。

本书在后续章节将沿袭泽夫教授的研究结论并在此基础上进行一定的拓展，书中涉及的“经济后果”主要包括企业社会责任履行或其信息披露过程中对企业经营过程中涉及的内外部利益相关者带来的可能影响。

第五节 文献综述

企业社会责任是一个纷争迭起的研究课题，社会学、伦理学、法学、经济学、管理学等学科领域的学者们都从各自不同的视角展开研究，取得了诸多研究成果。通过对国内外会计、财务领域主要期刊、相关文献的检索和查阅，笔者发现国外学者对于社会责任的研究历史悠久，研究内容丰富多彩，研究成果斐然多姿；而国内企业社会责任研究起步较晚，于 20 世纪 90 年代中后期刚刚兴起，在坚持“科学发展观”、构建“社会主义和谐社会”及实现“中国梦”重要战略指导思想的指引下，越来越多的企业开始重视企业的社会责任问题，与此同时，学术界亦分别从不同的学科视角对企业社会责任展开研究，取得了一定的研究成果。基于现有的研究成果和本书研究的学科方向，笔者从管理学领域入手，对近年来国内外企业社会责任的重要研究分支进行文献综述，主要包括如下几个方面：企业社会责任内涵及信息披露、影响因素及行为动机、经济后果。

一、企业社会责任内涵及信息披露的文献回顾

（一）企业社会责任内涵

迄今为止，关于企业社会责任的概念及内涵界定问题，国内外学术界和实务界尚未达成一致的意见。在社会环境的变迁过程中，企业社会责任的内涵不断地发生着变化。1924 年，英国学者欧利文·谢尔顿首次提出“企业社会责任”的概念，在其著作《管理的哲学》（*The philosophy of Management*）中，他将道德因素包括在社会责任的框架之内，指出企业社会责任是与企业经营者满足产业内外各种需要的责任相联系的。资料考证结果表明，这是迄今为止对“企业社会责任”的最早描述。在这一阶段，企业遵循利润最大化的财务管理目标，企业管理层以最大化利润实现为其首要任务，并未真正重视企业社会责任的履行。在此后的 1932 年，两位美国著名法学家伯利和多德（Berle and Dodd）就企业是否应该服务于社会进行了经典辩论（李国平和韦晓茜，2014）。

随后的 20 年中，企业社会责任的理论不断发展，逐渐形成了企业经理人对以股东为主的关键利益相关者负责的观念。1953 年，美国经济学家霍华德·鲍尔出版了著名论著《商人的社会责任》（*Social Responsibility of the Businessman*），在书中他系统性地定义了企业社会责任，他认为企业社会责任是指“按照社会目标和价值观的要求，商人做出相应的经营决策、制定生产经营规则的义务”，本书的问世标志着社会责任思想现代研究的开始（沈洪涛，2007），而鲍尔（1953）因为在社会责任领域的开创性工作，被后人誉为“企业社会责任之父”（Carroll，1991）。

1960 年以后，社会责任内涵得到了一定的扩展，企业在获利目标之外，开始将眼光投向社会利益及永续经营，寻求权衡。此后，戴维斯（Davis，1975）对社会责任进行界定时指出，社会责任是企业在维护自身利益的前提下，对提高社会整体利益所应尽的义务。1979 年，美国企业社会责任领域的著名学者卡罗尔认为企业社会责任是“企业对社会所承担的经济、法律、道德和慈善责任总和”，该概念至今广为使用。由卡罗尔（Carroll，1979）的界定可知，企业社会责任应具体包含四个方面的责任，分别为：盈利的经济责任，遵纪守法的法律责任，行事正确、公正公平的道德责任以及通过为社会、文化及教育事业做出贡献

的慈善责任。

之后，社会责任概念进一步发展完善，又衍生出社会回应、社会绩效、企业公民、社会责任投资等相关概念。弗里曼（Freeman，1984）提出企业社会责任领域最为经典的理论——利益相关者理论，这奠定了企业社会责任研究的理论基石。企业为超越法律对企业要求的某种利益，可能通过履行社会责任做出更深度的行动（Mcwiliams and Siegel，2001）。作为企业的一项义务，企业通过履行职责，利用社会责任的积极效应来减弱企业其他方面的消极效应（Pereault and McCarthy，2002）。社会责任是企业的一项自愿性活动，通过社会责任的履行，企业把社会问题纳入到了内部运营流程中去，并实现了与利益相关者的互动（Van Marrewijk，2003）。波特和克雷默（Porter and Kramer，2006）将社会责任分为战略性社会责任和回应性社会责任两类，认为企业应战略性地履行社会责任，而不应只是消极回应，只有这样，才能将企业与社会的发展更加有机地整合在一起。查尔哈和沙玛（Chahal and Sharma，2006）认为，企业社会责任意味着企业应通过自身的行为，来保证利益相关者公正和可持续的利益。之后有学者提出一种定义社会责任的新方法，即通过检测各维度定义在搜索引擎中的使用频次确定社会责任定义（Dahlsrud，2008）。此后，国外的研究者们多将研究重心转向社会责任的实证研究方面，对于内涵界定方面少有创新性的研究。

对于企业社会责任内涵的探索，近年来国内学者也有诸多研究成果。其中，卢代富（2002）将企业社会责任定义为在谋求股东利润最大化之外，企业增进社会利益的义务。张帆（2005）则认为，企业社会责任实质上是企业需要承担的边际社会成本，该项成本与企业的私人成本存在差异。田昆儒等（2007）基于社会学角度进行分析，指出企业是一种社会关系的集合体。不仅要提高经济效益，还应提高社会效益，因此，应将企业会计从传统的微观领域扩大到社会责任领域。陈炳富和周祖城（2008）认为，从狭义上来说，社会责任仅指企业的道德责任。邓德军和蒋侃（2011）在文献研究和小组讨论的基础上，通过筛选条目编制初步问卷预测和正式测验等程序，经因子分析，发现消费者心目中的企业社会责任是一个包括社会公益责任、消费责任、员工责任和经济责任在内的多维结构，其中，消费者最为看重企业的消费责任。张兆国等（2012）在总结已有研究的基础上，从利益相关者的角度对企业社会责任界定及承担社会责任的问题进行了探讨，丰富了利益相关者理论研究的内容，促使企业在实践中增强社会责任意识，加强社会责任管理，履行社会责任，实现可持续发展。李国平和韦晓茜（2014）基于国外企业社会责任理论，从企业社会责任的定义方法、主要组成部分及强制性与自愿性责任等方面进行综述，并提出企业社会责任未来研究的主要议题。

实务界和理论界的学者们亦提出了多种企业社会责任的定义。如世界银行的国际金融公司（IFC）认为企业社会责任的本质属性是企业有效管理其决策和活动所带来的经济、环境和社会影响，是一个提升责任竞争力，最大化地为利益相关者创造经济、环境和社会综合价值的过程，是对企业管理理念、管理目标、管理对象和管理方法等进行重新塑造。①

综上所述，企业社会责任的定义大都集中于秉承伦理价值观、遵守法律及以改善社会或环境为目标的公司自愿性行为。随着社会经济的发展，生态破坏、环境污染问题及劳工矛盾不断显现，社会公众不断向企业施压，要求企业承担社会责任，企业社会责任概念及其外延得以发展演化并不断地完善。之后随着经济发展和企业规模的扩大，企业的社会属性日益显现，并逐渐超越单纯盈利的经济属性，因此，企业社会责任逐步兴盛起来。

（二）企业社会责任信息披露及报告鉴证

1. 企业社会责任信息披露。

基于企业社会责任信息披露问题的研究是企业社会责任研究中的一个重要组成部分，其与企业社会责任的研究无法割裂开来（Bushman，2004；杨海燕，2011）。自20世纪90年代以来，随着人们对企业社会责任理解的不断深入以及公众对环境和社会问题的关注，越来越多的西方企业开始在财务会计报告中或在财务会计报告之外披露社会责任信息（Gray et al.，1995；Deegan and Gordon，1996；Kolk，2010），并将其作为与社会公众对话和交流的重要途径。

近年来，随着企业社会责任问题逐渐成为我国社会公众广泛关注的焦点，实务界开始重视企业社会责任规范的指导性作用，与此同时，对于企业社会责任信息披露方面的理论研究亦得到了较大程度的发展。

2006年9月25日，深圳证券交易所率先针对上市公司颁布《上市公司社会责任指引》，该指引明确指出，在维护国家和社会发展、保护自然环境和资源方面，上市公司所应承担的责任，并对上市公司的利益相关者进行了明确，同时规定了企业社会责任报告的披露内容，鼓励上市公司在经济效益之外兼顾社会效益，更多更积极地承担社会责任，在社会责任报告中真实披露企业履行社会责任的情况。

---

① 企业社会责任管理的新内涵［OL］. 中瑞企业社会责任合作网，http：//csr. mofcom. gov. cn/article/training/concept/201708/20170802625293. shtml.

随着实务界对企业社会责任信息披露的日益关注，国内学术界亦对此展开了广泛的研究，并取得了一定的研究成果。其中，黎精明（2004）从披露形式和披露工具两方面进行分析，说明企业在披露社会责任会计信息时，可以借助网站、定期报告、招股说明书等多种形式开展。研究表明，我国企业社会责任会计信息披露在理论上亟须完善。陈玉清和马丽丽（2005）基于利益相关者理论，建立了企业社会责任贡献指标体系并计算企业真实社会贡献，通过对我国企业社会责任信息披露的现状进行抽样分析，实证检验了社会责任会计信息市场反应。刘长翠和孔晓婷（2006）重新定义社会贡献率指标，回归分析社会贡献率与资产负债率、主营业务收入等财务指标间的关系，根据社会责任会计信息披露现状提出对策建议。沈洪涛（2007）在自愿性信息披露的研究框架下，通过对年报文本分析，构建石化塑胶行业企业的社会责任信息披露指数，实证研究发现，公司规模、盈利能力等公司特征能显著影响企业披露社会责任信息程度。

当企业能够真实、适当地进行社会责任信息披露时，企业社会责任信息披露将有助于降低信息不对称，进而降低资本成本（孟晓俊等，2010）。企业社会责任表现、市场评价及会计盈余信息含量之间存在正向递进关系。社会责任信息披露水平可以体现企业社会责任的管理水平和投入水平，进而反映出企业的可持续发展能力和责任风险（朱松，2011）。此后，孙岩（2012）采用实验方法进行研究，研究发现，较清晰的社会责任信息披露会使投资者对企业社会责任履行情况和股票价值做出较高评价，并提高对公司投资的可能性。黎文靖（2012）综述了西方社会责任报告的理论基础，结合中国转轨经济的制度特征，利用新政治经济学中的寻租理论，构建我国公司社会责任报告的分析性框架，并认为，我国企业社会责任报告披露是新兴市场中企业基于政府的政治干预所进行的政治寻租行为。吉利等（2013）基于问卷调查，运用因子分析构建了社会责任信息质量特征体系，为评估社会责任信息质量提供了一个操作性框架。沈弋等（2014）基于大数据环境下的演化框架，系统地分析了企业社会责任信息披露格局从“一维”到“多维”的嬗变，社会责任信息披露根基从“言方行圆”到“言行一致”的演化过程。从多方面刻画了当前重要历史变革时期对社会责任信息披露的影响。钱明等（2016）从产权异质性的研究视角出发，实证检验社会责任信息披露对融资约束的影响，并将社会责任信息披露与会计稳健性联系，综合考察两者对于融资约束影响的交互效应。邹萍（2018）从政治经济体制对企业行为影响的角度出发，通过研究发现企业社会责任信息披露及披露质量与企业实际税负均呈负相关，而且相比强制披露社会责任信息的企业而言，自愿披露社会责任信息企业的社会责任信息披露质量与企业实际税负的负相关关系更强。张海峰和张卓（2020）通过将我国31个省（区、市）内披露社会责任信息的企业所在地划分为高密度区域和低密度区域，探讨区域内披露社会责任信息的企业数量变化对企业披露意愿和信息质量的影响。研究结果表明，区域中披露企业密度不仅会影响企业是否决定披露的决策，而且会影响到企业的社会责任信息披露质量。

2. 企业社会责任报告鉴证。

企业社会责任报告鉴证是由社会责任领域专业机构或会计师事务所实施的，对企业社会责任报告包括内容是否达到相关鉴证标准等进行鉴证，并提供专业意见的一种行为（李正等，2013）。随着社会责任报告发布量的逐年增长，对社会责任报告质量的关注也呈现日益增加的势头，而企业社会责任报告鉴证则是当期保证和提高信息质量的重要措施（沈洪涛，2016），将有助于增进利益相关者对企业行为的信任（李正等，2013）。

企业社会责任报告鉴证活动是各类认证业务的延展（李正等，2013），而承接此类业务的多是国际知名的中介机构，如挪威船级社、香港通用公证行等。作为一项方兴未艾的审计实践业务，国内外关于社会责任报告鉴证的研究亦是近年来才逐渐发展起来的。国外学术界的文献研究中多见的是规范研究，其中，森本等（Morimoto et al.，2005）从理论到实践的角度阐释了企业社会责任报告审计①，并分析当前企业社会责任审计工作实施过程中面临的困难。此后，有学者以国际"四大"会计师事务所为研究对象，分析其在企业社会责任报告编制和审计工作中面临的商业机会（Ans and Margineantu，2009）。国内学术界关于社会责任报告鉴证问题的研究尚处于起步阶段，在现有文献研究中，沈洪涛和秦信任（2010）采用规范研究的方法，分析当前国外企业社会责任报告鉴证的现状，提醒我国注册会计师应关注企业社会责任报告鉴证业务，处理好报告鉴证中成本收益及风险间的关系，将业务范围向社会责任风险、报告编制及报告鉴证等领域拓展。沈洪涛等（2011）基于企业声誉理论，检验企业社会责任报告及鉴证对企业声誉的影响，结果证实了企业社会责任报告及鉴证行为的信号传递作用。孙岩（2012）采用实验的方法，研究了社会责任报告中信息披露清晰性和独立第三方鉴证对个体投资者投资决策的影响，研究表明，报告清晰性及其鉴证行为可以提高个体对公司股票价格的预期，进而增加对公司投资的可能性。李正和李增泉

① 当前国内外学术界的研究中，企业社会责任报告审计与报告鉴证这两个概念常常混用，在本书中，笔者进行文献综述时，尽量遵从原作者的表述。

（2012）依据信号传递理论，采用事件研究法，证实了企业社会责任报告鉴证意见具有正向的市场反应。李正等（2013）的研究表明，媒体关注、地区信任度、公司规模及负债水平可能影响企业社会责任报告鉴证活动。沈洪涛等（2016）基于上市公司的大样本数据，依托新制度主义的制度同形理论，对我国企业社会责任报告鉴证决策的制度因素及其动态演变过程进行了深入细致的研究。李秀玉等（2019）借鉴中介效应思想，通过研究发现媒体监督对社会责任报告鉴证有显著正向影响，而企业社会责任表现在两者关系中起中介作用。

二、企业社会责任影响因素及行为动机的文献回顾

自图佐利诺和阿曼迪（Tuzzolino and Armandi，1981）构建社会责任需求模型、探寻企业承担社会责任的动机以来，国内外学术界对于企业履行社会责任的动机进行了大量的研究，但至今仍未达成一致的结论。总的来说，学术界现存下列几种主要观点：第一，价值增值战略动机的观点。支持该观点的学者们认为，企业倾向于通过社会责任的履行来获取声誉资本，给企业带来未来的业绩提升，并最终达到提升企业战略地位的目的（Godfrey et al.，2005；Porter and Kramer，2006；温素彬和方苑，2008）。第二，代理理论框架下管理层自利动机的观点。支持该观点的学者们认为，企业管理层可能通过履行社会责任来掩盖或转移公众对企业不当行为的关注，降低企业的声誉损失（Koehn and Ueng，2010；高勇强等，2012）。第三，道德假说的观点。支持该观点的学者们认为，企业履行社会责任，源于自身的慈善行为，源于对社会风险的管理，源于对综合目标的平衡，也源于对最大化社会福利的贡献等（Campbell et al.，1999；李伟阳和肖红军，2011）。第四，政治动机假说的观点。支持该观点的学者们认为，高管的政治关联可能促进公司慈善行为的展开，公司的慈善行为可能仅仅是高管为了追求个人政治影响的一种手段（Sánchez，2000；贾明和张喆，2010；梁建等，2010）。此外，亦有学者认为，由于卖空机制的引入加剧了上市企业财富缩水和声誉损失的风险，因此，企业有动机通过调整社会责任战略来应对卖空机制带来的风险（朱焱和王玉丹，2020）。下面就近年来文献研究中涉及的与企业社会责任动机相关的几方面影响因素展开分述。

（一）管理层诚信与企业社会责任

在中国，企业社会责任的道德表现以公益性捐赠为主，公益性捐赠行为体现了企业的慈善之心，在传统的哲学领域，“慈善”表现为对人关怀，富有同情

心，怀有仁爱之心、广行济困之举（黄元龙，2011）。企业的慈善行为有利于企业改善内外部政治气氛，提高集体荣誉感和团队凝聚力，稳定员工并能吸引优秀人才，保持管理层的高诚信度形象（徐雪松，2007）。

大量研究表明，遵循道德责任是企业承担社会责任活动的动因之一（Donaldson and Preston，1995；Porter and Kramer，2006）。基于"管理层能力信号假说"（Healy and Palepu，2001），企业社会责任表现通常被视为管理层诚信的一种信号（Godfrey et al.，2009；Linthicum et al.，2010）。在这样的假设前提下，企业家或者企业被看作道德主体或者道德代理人，因此，企业履行社会责任更可能是源于企业家或者企业的纯粹道德良知。企业通过履行社会责任，遵循行为道德，可以维系与各方利益相关者之间的良好关系（Waldman et al.，2006），从而追求各方利益相关者利益的平衡及价值的最大化（Holme and Watts，1999）。企业社会责任道德理论指出，企业必须将社会责任作为一种道德约束（Carroll，1979；Donaldson and Preston，1995；Phillips et al.，2003），这要求履行社会责任的企业必须关注利益相关者的合法权益和指导性的道德准则。同时，企业社会责任活动被视为一种建立和维持声誉的途径（Linthicum et al.，2010）。如果一个企业看重它的声誉，那么保护这一声誉的意愿可以抑制企业及其管理者参与不被社会接受的活动。因此，基于加强企业声誉度的战略性动机，管理层不大可能会参与财务造假（Hong and Andersen，2011；Kim et al.，2012），更可能倾向于诚信地履行企业社会责任。

（二）制度环境、政治关系与企业社会责任

制度是规范企业交易的行为规则，可以影响企业的决策偏好（Davies and North，1971），企业行为往往受制于社会标准、社会认知等因素在内的社会制度的影响（DiMaggio and Powell，1983），从而内生于制度环境，是在既定环境下适应环境的理性选择（周中胜等，2012）。企业社会责任行为不可避免地受到外部制度环境的影响，处于外部压力感知中心和首要位置的企业高层管理者对企业社会责任行为有着重要作用（冯臻，2014）。周中胜等（2012）的实证研究结果表明，制度环境对企业社会责任具有显著影响，具体表现为政府对经济干预的程度、法律环境完善程度以及所在地区要素市场发达程度，对企业的社会责任履行状况存在正向的促进作用。

企业的政治关系是一种有价值的企业资源（李孔岳和叶艳，2016），政治关系之类的社会资本对企业获取资源具有工具性效用（张敦力和李四海，2012），

同时，政治关系的建立、维护与提升也需要企业资源的付出（李四海，2010）。而且企业的政治关系可能是政府对企业实施持续干预的一种手段（Fan et al.，2007；Boubakri，2008）。有政府控股的企业由于社会公众的压力，会更多地承担社会责任（Smith et al.，2005）。李四海（2010）通过实证研究发现，有政治关系的企业比无政治关系的企业参与慈善捐赠的可能性更大，且捐赠水平更高；在地区市场化进程比较慢、政府干预较严重、法制水平较低的情况下，政治关系对企业捐赠水平的正向影响更为显著。此后，学者们基于不同的样本展开实证研究，实证结果均支持企业社会责任与政治关系间的显著影响。其中，彭中文等（2015）基于中国高端装备制造业上市公司2008～2013年的样本数据，实证研究了政治关系、经营业绩及企业社会责任之间的关系。研究发现，政府官员类政治关系越强，企业更愿意承担社会责任。仇冬芳和徐丽敏（2015）基于中小企业板民营上市公司2007～2012年数据研究发现，民营资本高管团队政治关系能有效地促进企业履行社会责任。李孔岳和叶艳（2016）基于先赋性和后致性视角，选取2012～2014年中国沪深两市重污染行业民营上市公司数据进行研究，发现企业家的先赋性政治关系对企业履行企业社会责任存在正向促进作用。

（三）公司特征与企业社会责任

黄速建和余菁（2006）认为，由于国有企业股权性质的特殊性，国有企业的社会责任实质上是社会对国有企业行为的客观期望。李正（2006）的研究发现，资产规模、资产负债率、处于重污染行业这些影响因素会显著地正向影响企业承担社会责任活动；财务状况异常或盈利能力不佳等因素会使得企业减少对社会责任活动的承担。沈洪涛（2007）在自愿性信息披露的研究框架下，选取1999～2004年沪深两市石化塑胶行业A股上市公司进行研究，研究发现，公司规模、盈利能力正向影响社会责任信息披露情况；包括上市地点和披露期间在内的披露环境亦显著影响社会责任信息披露情况。何德旭和张雪兰（2009）对银行业公司样本的研究表明，行业特殊性决定了外部治理机制的基础性作用不能发挥，难以形成对银行履行社会责任的监督机制，因而须引入利益相关者治理机制，以有效督促银行履行社会责任。我国商业银行应改革目前的股东单边治理机制，优化董事会结构与职能，建立对话机制，提高利益相关者参与程度，逐步推进和完善利益相关者治理，善尽社会责任。王海妹等（2014）实证检验了公司的股权结构特征与企业社会责任的关系，实证研究显示，外资及机构持股对企业承担社会责任有着显著的正向影响，而高管持股对于企业承担社会责任有着显著的负向影响。

黄伟和陈钊（2015）基于中国12个城市1268家企业的调查数据，研究发现当中国企业是外资企业的供应商时，中国企业的社会责任表现更好。林宏妹等（2020）研究发现企业高管在任期的不同阶段对企业社会责任的履行存在动态影响。

三、企业社会责任经济后果的文献回顾

随着企业社会责任在企业中变得越来越重要，有关企业社会责任方面的研究文献也日益增多。大量文献研究对企业社会责任的经济后果进行了分析。其中，有一议题得到了特别的关注，那就是“做好事（do good）”的公司是否也“做得更好（do better）”（Roman et al.，1999；Jiao，2010；Kim and Statman，2012）。基于这一议题，大量的研究多集中关注于企业社会责任与财务业绩间的关系，亦有学者尝试检验了企业社会责任对公司行为和经济后果其他维度的影响，如资本成本（孟晓俊等，2010；El Ghoul et al.，2011；Goss and Roberts，2011；李姝等，2013；徐珊和黄健柏，2015；王建玲等，2016）、财务报告（Gelb and Strawser，2001；Petrovits，2006；Prior et al.，2008；Kim et al.，2012）、公司风险（Lee and Faff，2009）及企业金融化（刘姝雯等，2020）。

（一）企业社会责任与利益相关者关系

企业社会责任思想最早出现于2000多年前的古希腊时期，然而针对企业社会责任的理论研究则直到20世纪80年代利益相关者理论出现之后才真正得以开展（沈洪涛，2005）。利益相关者理论将企业看作是利益相关者之间缔结的“一组契约”（Freeman，1984；Freeman and Evan，1990），企业想要可持续发展，必须平衡众多利益相关者的需求（Chen，2009），而履行社会责任行为有利于与利益相关者建立良好的关系（Clarkson，1995；Hillman and Keim，2001）。

从研究内容的视角来看，自弗里曼（Freeman）在1984年首次提出利益相关者理论以来，越来越多的学者将利益相关者理论运用到企业社会责任的研究领域中来。管理层在进行决策制定的过程中，逐渐开始考虑并兼顾除股东之外的其他各方利益相关者的利益诉求，并开始关注各方利益相关者对企业生产经营活动、声誉、品牌影响力及顾客忠诚度等方面的影响，例如，研究员工工作环境的良好程度对生产力提高的促进，研究慈善捐助等社会公益活动对企业声誉、品牌影响力的提升等。

近年来，随着社会公众对企业解决就业、环境保护及公益慈善捐赠等一系列

社会问题的关注，企业社会责任逐渐引起了利益相关者的高度重视（何贤杰等，2013）。利益相关者要求企业承担更多的社会责任，其管理活动应具有长期的可持续性，其社会责任报告应更加透明。为了回应利益相关者的需求，树立和维持良好的社会形象，在高度竞争的市场环境中求得生存和可持续发展，越来越多的企业开始积极承担社会责任，并主动披露独立的社会责任报告（Gray et al.，1995）。不仅如此，有些企业甚至将社会责任履行理念应用在价值链的管理方面。如沃尔玛、宝洁、雀巢等国际知名企业集团均要求它们的商业合作伙伴或供应商遵循可持续性的社会责任标准，以维系良好的利益相关者关系（Monterio，2010）。

在市场经济体制下，企业在获取利润的同时，应该主动承担对环境社会和其他利益相关者的责任（余高雅，2011；李孔岳和叶艳，2016）。在高度竞争的环境中，建立和维持良好的利益相关者关系非常重要，企业与主要利益相关者（即员工、客户/消费者、供应商及社区）之间良好的关系，是企业的一项无形资产，能够给企业带来竞争优势，从而能增加股东的价值（Hillman and Keim，2001）。研究表明，与员工建立良好的关系，可以帮助企业留住人才，提高员工的忠诚度和工作效率，从而带来人力资本方面的竞争优势（Pfeffer，1995；Hillman and Keim，2001）。企业积极主动地承担保护环境的责任，可以降低环境保护部门及相关政府部门对企业的监管成本，从而带来运营成本的降低和运营效率的提高（Shrivastava，1995）。对产品质量和安全负责，可以提高客户的忠诚度，增加销售额（Waddock and Graves，1997），形成产品的价格溢价（Dacin and Brown，2006）。

依据归因理论可知，良好的利益相关者关系能引起利益相关者的正向归因，维持其对企业的忠诚（Godfrey et al.，2009），形成企业的一种商誉（或道德资本），在企业发生不利事件或财务业绩下滑时形成一项保护机制（Graves and Waddock，1994；Choi and Wang，2009；Godfrey et al.，2009）。良好的利益相关者关系，在经济下滑及监管处罚等对企业不利的事件发生时，能够保护企业，降低财务危机发生概率，减少企业的经营风险及价值损失，使得企业能够维持自身的可持续发展（Graves and Waddock，1994；Choi and Wang，2009）。因此，企业承担社会责任是一种信号传递机制（张兆国等，2012），通过建立良好的利益相关者关系，可以维持企业的竞争优势，稳定和提高财务业绩，在企业面临不利情况时维持企业的发展。

此外，企业社会责任也被管理层视作一项主要的风险管理战略（Godfrey et

al.，2009）。企业的社会责任活动可以使企业面临更加宽松的政府监管（Sharfman and Fernando，2008）。企业越多地履行社会责任，越不可能接受美国证券交易委员会（securities exchange commission，SEC）的调查，因而面临更低的监管风险（Kim et al.，2012）。以上研究表明，企业积极承担社会责任有利于企业与利益相关者建立良好关系，降低企业可能面临的经营风险，最终提升企业的可持续发展能力。

（二）企业社会责任与财务业绩、公司价值

企业承担社会责任活动是否会影响企业内部经营策略的制定，尤其是对在企业资产中占很大比重的存货管理策略是否存在显著影响，国内外鲜有文献研究。但不容置疑，在企业社会责任对财务业绩①、公司价值产生影响的作用机制中，内部经营策略，尤其是企业存货管理策略的制定应是重要的中间传导环节，这将在本书的第四章中展开研究。在此，笔者将分别针对企业社会责任与财务业绩、企业社会责任与公司价值方面的文献展开综述。

1. 企业社会责任与财务业绩。

国内外企业社会责任研究领域中最为广泛的研究话题是企业社会责任与财务业绩之间的关系。然而，自默斯克维茨（Moskowitz）于1972年最早实证研究企业社会责任与财务业绩的关系以来，目前的实证研究成果中，存在正相关、负相关、不相关及非线性相关这四种不同结论。但总体而言，企业社会责任与财务业绩间的正相关关系是当前国内外大多数研究者们共同支持的结论，其中，沃多克和葛拉维（Waddock and Graves，1997）认为良好的社会责任绩效能够提高公司未来财务绩效。图尔班和格林（Turban and Greening，1997）使用与沃多克和葛拉维（1997）相同的研究方法，亦发现企业履行社会责任显著提升了企业声誉，进而推动企业财务业绩的实现。伯登和高斯林（Beurden and Gossling，2008）采用元分析研究发现，企业社会责任与财务业绩之间存在显著的正相关性（李国平和韦晓茜，2014）。此外，马戈利斯等（Margolis et al.，2009）、沈洪涛（2005）、张兆国等（2009）、杨自业和尹开国（2009）、朱松（2011）、刘艳华等（2020）对企业社会责任与财务绩效间关系进行实证研究，均发现两者间的正向影响关系。

具体来说，企业社会责任活动通过多种方式影响企业的财务业绩，这些方式

① 当前国内外学术界的研究中，财务业绩和财务绩效这两个概念常常混用，在本书中，笔者进行文献综述时，尽量遵从原作者的表述。

包括增加销售额、降低和稳定成本、提高运营绩效、增强员工的道德水准、降低融资成本，降低诉讼风险。现有文献研究结果表明，企业社会责任表现与竞争优势相关（Freeman，1984；Ittner and Larcker，1998），与员工满意度和员工素质相关（Roberts and Dowling，2002），与顾客商誉相关（Bhattacharya and Sen，2003），与产品溢价相关（Fleishman-Hillard，2007）。因此，对社会负责任的企业能够得到更加乐观的分析师推荐（Ioannou and Serafeim，2015），受到更多的分析师跟踪，拥有更低的分析师预测偏误（Dhaliwal et al.，2012），吸引更多的机构投资者，流动性更高（Barnea et al.，2013；Hong and Kacperczyk，2009）。在全球化的背景下，企业社会责任信息为资本市场参与者（如证券分析师）提供了有用的信息（Dhaliwal et al.，2012），因此，企业社会责任活动会影响到企业的财务绩效，乃至公司价值。

此外，研究发现，企业社会责任与财务绩效的影响间存在滞后效应，即企业履行社会责任影响的是企业未来一期或几期的财务绩效，而非当期财务绩效。其中，沃多克和葛拉维（1997）研究发现，企业社会责任表现对下一年度的报酬率指标存在显著的正向影响。温素彬和方苑（2008）基于中国上市公司的数据进行研究，表明企业社会责任对当期财务绩效的影响为负，但长期来看，两者间存在正向影响作用。张兆国等（2013）以我国 2007～2011 年沪市 A 股上市公司数据为样本，研究企业社会责任与财务绩效之间的交互跨期影响，发现滞后一期的社会责任对当期财务绩效有显著正向影响，当期财务绩效对当期社会责任有显著正向影响。朱乃平等（2014）基于两阶段投资决策模型，研究发现，企业积极承担社会责任的行为能直接促进长期财务绩效，同时，技术创新投入能增强企业社会责任对长期财务绩效的积极影响。李百兴等（2018）研究了污染型企业社会责任履行对财务绩效的影响，研究发现污染型企业社会责任的履行具有时滞性，会显著提高数期后的长期财务绩效。

2. 企业社会责任与公司价值。

早在 20 世纪 70 年代，国外学者就开始对公司价值与企业社会责任之间关系展开了研究，然而，由于社会责任数据获得和度量方面存在难度，加之采用的计量方法存在差异，因此，关于企业社会责任与公司价值间的关系至今仍未形成统一的结论。其中，支持两者间存在正向关系的学者们认为，企业履行社会责任越多，股票平均回报率越高，两者成正比关系（Moskowitz，1972）。在美国食品行业企业及 S&P500 指数上市公司中社会责任信息披露与企业价值呈现正相关关系（Waddock and Graves，1997）。企业履行社会责任越多，公司价值越大（Cochran et al.，1984）。但是，亦有学者对此持反对意见，其中万斯（Vance，1975）选取了默斯克维茨（Moskowitz，1972）研究样本的一个子样本和纽约证券交易所上市的部分公司作为研究样本，研究得出两者间存在负相关关系的结论。霍尔曼等（Holman et al.，1985）研究发现，企业承担过多的社会责任，会增加企业成本支出，从而增加了企业负担，因此，企业利润会下降，进而导致企业价值下降。此外，国外亦有学者支持两者间不存在相关性的结论，如厄尔曼（Ullmann，1985）、麦克威廉斯和西格尔（McWilliams and Siegel，2000）等通过研究发现两者之间不存在相关性。其中，厄尔曼（1985）认为造成两者不相关的主要原因是上市公司社会责任成本信息披露存在较大缺陷，难以取得相关经验证据。

由于我国研究社会责任议题的起步相对较晚，近年来，学者的研究成果与国外相比仍然较少。但是，在社会责任与公司价值这个问题上还是有着相对丰富的研究。陈玉清和马丽丽（2005）通过社会责任贡献指标体系的建立，揭示了市场对企业真实社会贡献的反应，发现企业社会责任与上市公司价值的相关性不强，但是，在特定行业中，行业特色会影响行业—价值相关性。李正（2006）的研究表明，从当期来看，承担社会责任与企业价值负相关；但从未来长远利益来看，承担企业社会责任的行为并非会带来企业价值的降低。姚海鑫等（2007）研究发现，企业履行社会责任的行为可以正向影响股东财富。然而，朱雅琴和姚海鑫（2010）将社会责任评价指标进行细分后进行研究发现，各细分评价指标与企业价值的关系并不相同，其中，对政府和职工的社会责任会正向影响企业价值、而对投资者的社会责任则会负向影响公司价值。此后，王晓巍和陈慧（2011）亦对企业社会责任与公司价值间关系进行研究，与朱雅琴和姚海鑫（2010）研究结论不同的是，他们的研究结论为：企业对股东的社会责任对企业价值的贡献度最大，企业对不同利益相关者履行社会责任存在相互影响。万寿义和刘正阳（2013）的研究表明，在企业社会责任的细分维度指标中，安全生产支出、销售费用支出率、纳税贡献率这三个细分维度指标与公司价值呈显著的正相关关系；环保支出、欠款未偿付率这两个细分维度指标与公司价值呈显著的负相关关系；其他细分指标对公司价值的影响并不显著。王清刚和徐欣宇（2016）指出，企业是创造价值和履行社会责任的统一体，企业履行社会责任能够促进价值创造目标的实现。李世刚（2017）实证研究发现企业社会责任履行至少是高管团队的国际化视野与公司价值之间的一个中介渠道。

（三）企业社会责任与注册会计师审计

与现实需求相一致，国内外文献对于企业社会责任经济后果的研究，亦多是基于改善利益相关者关系的角度展开的①，然而，从注册会计师角度研究企业社会责任经济后果的实证研究文献，国内外则鲜有学者涉及。

注册会计师作为企业的独立信息中介机构，以第三方的身份接受企业聘请，为企业审查财务报告，合理确信报告是否存在重大错报，并针对审计结果发布独立的审计意见（廖冠民和吴溪，2013）。作为投资者利益的独立守护神，监管压力及来自审计市场的竞争，使得注册会计师的职责从事实认定，扩展到在计划和执行审计过程中衡量企业的持续经营能力及管理层诚信问题（COSO，2010）。因此，陈毓圭等（2009）认为，注册会计师在企业履行社会责任方面应做到：大力倡导诚信理念；不断提高执业质量；推动企业履行社会责任。沈洪涛（2010）建议我国注册会计师关注企业社会责任报告鉴证业务，有针对性地争取市场，并向企业社会责任的相关领域拓展业务。

研究表明，企业社会责任被管理层视作一项主要的风险管理战略（Godfrey et al.，2009）。良好的社会责任表现可以被视作一种信号机制（张兆国等，2012），表明企业管理层拥有超前意识（Porter and Kramer，2006），也增进了与利益相关者的关系（Hillman and Keim，2001），形成企业的一项道德资本，可以在企业面临经济衰退、监管审查或产品问题等不利事件时成为一项保护机制（Godfrey et al.，2009；Choi and Wang，2009）。这有助于增强企业的竞争优势和可持续发展能力②，降低企业的经营风险和注册会计师的审计风险。企业良好的社会责任表现可以被视作企业管理层拥有超前意识的证据（Porter and Kramer，2006），这种对经营环境变化的预测能力有助于促进长期管理层计划（Orlitzky et al.，2008），增强企业经营的持续性，从而降低注册会计师的风险认定。通过履行社会责任、改善与利益相关者的关系，企业可以在一定程度上缓解其面临的经营风险（McGuire et al.，2012）、监管风险（Sharfman and Fernando，2008；Kim et al.，2012）以及诉讼风险（Godfrey et al.，2009；Lacey and Kennett-Hensel，

---

① 研究企业社会责任的文献一致认为，良好的企业社会责任表现能够改变利益相关者对企业的看法，这些利益相关者包括投资者（Spicer，1978；Dhaliwal et al.，2011）、分析师（Ioannou and Serafeim，2015）、债权人（Goss and Roerts，2009；Baucer and Hann，2010）、消费者（Sen and Bhattacharya，2003）和员工（Roberts and Dowling，2002）等；而自愿或是非自愿发布的社会责任报告也能在财务信息之外提供增量的信息，从而影响市场参与者，如投资者（Simnett et al.，2009；Dhaliwal et al.，2011）和分析师（Dhaliwal et al.，2012）等。

② 例如：处于商标战、贸易战风口浪尖的加多宝集团，连续七年蝉联“中国饮料第一罐”的桂冠，企业价值飞速增长，就是得益于其秉持“善心善行、关注民生”的社会责任理念，热心公益事业，与利益相关者之间建立的密切关系。

2010)，进而影响注册会计师对审计风险的评估，因此，注册会计师会相应地减少审计工作投入，最终降低审计收费（O'Keefe et al.，1994）。然而，如果企业社会责任活动是受机会主义驱动，而不是管理者诚信的驱动，则意味着企业与利益相关者关系较差，这将使企业丧失竞争优势和利益相关者的长期支持，因此注册会计师会调高对企业未来风险的估值，提高可接受的审计风险估值，增加审计工作投入，并最终增加审计收费。由此可见，企业社会责任对注册会计师的审计收费应该会造成一定程度的影响（Chen et al.，2012）；对于社会责任表现较好的公司，注册会计师要求的审计费用较低，同时他们认为报告鉴证没有增加社会责任表现与审计定价之间的反向关系（翟华云等，2014）；此外，从企业环境风险披露的角度进行研究发现，环境规范及环境风险披露的复杂度会提高审计工作的复杂度，进而影响审计收费（Li et al.，2014）。

（四）企业社会责任与企业声誉、市场评价

前期文献研究表明，声誉机制是一项隐形契约（袁天荣和刘为，2013）。在资本市场中，企业社会责任可能对企业声誉带来积极的影响。在已有研究的基础上，有学者研究发现，组织声誉有利于提升交易规模和战略主动性、提高资本市场上的公司股票价格（Pharoah，2003）。从增加消费者购买意愿的角度研究，发现企业社会责任对于企业声誉及品牌影响力的提升有着正向的促进作用，进而影响到消费者购买意愿，并能有利于维持长期的顾客忠诚度（Bertels and Peloza，2008）。此外，石军伟等（2009）运用151家中国企业的调查数据，构建社会责任影响组织竞争的理论框架，基于社会资本理论进行研究发现，企业社会责任正向影响组织声誉，社会资本能够对企业社会责任的“声誉效应”起到强化作用。李海芹和张子刚（2010）将企业社会责任指标及企业声誉进行细分后，构建一个企业社会责任对企业声誉和顾客忠诚影响的概念模型，并探讨了企业社会责任细分维度指标对顾客忠诚的影响，以及企业声誉作为调节变量的调节效应。结果表明，企业社会责任中的经济责任和慈善责任对顾客忠诚的影响较大；企业社会责任通过企业声誉影响顾客满意度，从而影响顾客忠诚。研究显示，企业对社会责任的时间承诺或行为的经常性会显著地正向影响消费者对企业的评价（Drumwright，1996）。通过对企业品牌形象、品牌资产的理论分析，刘凤军等（2012）研究了企业社会责任与品牌影响力之间的逻辑关系。实证研究结果表明，企业社会责任承诺、企业社会责任履责水平以及时间选择对提高品牌影响力有显著的正向作用，以企业能力信念指标作为中介调节变量的研究表明，企业能力信念的调

节效应相对微弱。朱松（2011）通过采用社会责任报告公布日前后一段时间窗口下的累计超额收益来表征市场评价指标，实证研究发现，企业社会责任表现与市场评价间存在正向关系，即社会责任履行情况会影响到市场对企业发展的评价。孔东民和林之阳（2018）通过研究发现，上市公司披露的社会责任报告对其未来的股票收益率产生一定的负面影响，市场未能给予企业社会责任以积极的反应。

四、文献述评

国外学者对企业社会责任的研究颇为成熟，在企业社会责任内涵（Sheldon，1924；Bowen，1953；Carroll，1979；Freeman，1984；Parasuraman et al.，1988）、企业社会责任动机与影响因素（Atkinson and Galaskiewicz，1988；Galaskiewicz，1997；Sánchez，2000；Hemingway and Maclagan，2004；Godfrey et al.，2005；Petrovits，2006；Porter and Kramer，2006；Prior et al.，2008；Chih et al.，2008；Koehn and Ueng，2010；Kim et al.，2012）以及经济后果（Waddock and Graves，1997；Peloza，2006；Beeehetti et al.，2007；Sharfman and Fernando，2008；Godfrey et al.，2009；Lacey and Kennett-Hensel，2010；McGuire et al.，2012）等研究内容方面都有大量涉及和拓展，相应研究成果也层出不穷。而我国企业社会责任的研究起步较晚，相关研究尚在发育成熟阶段，因此，研究还不够全面和深入。当前，企业社会责任方面研究文献的局限性主要表现在以下两个方面。

一方面，企业社会责任表现和信息披露可能存在不同的行为动机，因此，其所导致的经济后果亦可能存在差异。要进行经济后果分析，就必须结合行为动机展开。然而，现有文献中绝大多数都是单纯考虑企业社会责任表现或社会责任信息披露动机。仅有的文献中，美国乔治梅森大学的陈教授（Chen et al.，2012）及国内学者沈洪涛等（2011）、朱松（2011）等学者考虑到了企业社会责任的履行及信息披露对审计师、企业声誉、企业发展以及盈余信息含量的影响。上述文献虽然在一定程度上同时对社会责任表现和报告进行了研究，但都没有在自身现有研究的基础上进一步研究社会责任表现优劣对其信息披露的经济后果带来的影响。

另一方面，当前企业社会责任经济后果方面的研究多着眼于财务业绩和公司价值，而针对企业履行社会责任对财务业绩和公司价值影响的中间转导机制研究则相对匮乏，尤其是针对企业社会责任对企业内部经营策略、外部独立信息中介及资本市场股价影响的关注尚少。对于专门研究企业社会责任对外部信息中介之一的注册会计师审计行为影响，国外仅有美国乔治梅森大学的陈教授团队（2012）、加拿大多伦多大学的李教授团队（Li et al.，2014）分别在其工作论文中对该问题进行了一定的探讨；而国内仅有翟华云等（2014）基于企业社会责任表现、报告鉴证与审计定价间关系展开了一定程度的研究，然而，其研究仅发现了企业社会责任表现与审计定价间的负向关系，并未发现社会责任报告鉴证的经济后果。其他相关文献则多为探讨注册会计师是否应该对企业披露的社会责任报告开展鉴证和审计以及应如何开展的问题。例如，陈毓圭等（2009）阐述了企业社会责任思想的由来，对国内企业社会责任的履行现况进行了归纳和总结，阐述注册会计师应该大力倡导诚信理念、不断提高执业质量、推动企业履行社会责任；沈洪涛（2010）通过对国内外企业社会责任报告鉴证情况进行比较分析，提出应关注企业社会责任报告鉴证业务，有针对性地争取市场，并向企业社会责任的相关领域拓展业务。综上所述，现有研究均未直接涉及企业的社会责任履行及信息披露对注册会计师年报审计工作中审计风险评估及审计收费确定的影响。此外，从资本市场股价崩盘风险视角研究企业社会责任经济后果的文献亦很有限，国外仅有美国圣克拉拉大学的金教授等（Kim et al.，2014）对企业社会责任缓解还是加剧股价崩盘风险的问题进行了研究，实证结果支持企业社会责任与股价崩盘风险间呈负向影响关系的结论；国内的研究中有两篇文献对此进行了研究，其中，陶春华等（2015）的研究结论支持两者间的负相关关系，这对金教授团队（2014）的研究结论给予了支持，而权小峰等（2015）提出了“社会责任的崩盘效应”，他们的研究发现，企业社会责任与股价崩盘风险间呈显著正向影响关系，这与金教授团队（2014）、陶春华等（2015）的研究结论截然相反。因此，本书将充分考虑已有的文献研究成果，结合中国的资本市场环境和我国特殊的制度背景，在后续第四章企业社会责任经济后果研究中对上述问题进行系统研究。

第二章　理论基础

近年来，主流的公众舆论、学术界、消费者和投资者一直在倡导企业应履行对各方利益相关者应尽的责任，企业承担社会责任及信息披露已成为企业、管理当局及媒体间流行和常用的词汇（Ditlev-Simonsen，2011）。环境保护、消费者安全、劳动者保护等社会责任议题也已逐渐成为现代社会广泛关注的问题（郭岚和陈愚，2015）。因此，深入研究企业履行社会责任的动机，以及基于该动机履行社会责任或进行社会责任信息披露后可能给企业带来的经济后果则显得尤为重要。为了更好地在后续章节中对企业社会责任的相关问题展开深入研究，本章将对企业社会责任起支撑或指导作用的那些经典假设和主要理论基础进行分析，这些假设和理论主要包括的内容有：人类行为假设（非财富约束最大化假设、有限理性假设及机会主义行为倾向假设）、产权理论、契约理论、可持续发展理论、利益相关者理论及企业伦理理论等。

第一节　人类行为假设

制度经济学把人类行为界定为追求财富最大化，但在现实世界中，人的行为动机具有一定的复杂性，因此，新制度经济学通过对新古典经济学假设的突破，提出关于人的行为特征的三大假设：非财富约束最大化、有限理性及机会主义行为倾向。这些假设描述出现实世界中人的行为特征，使得经济学理论更加贴近现实，因此，可以看作是对传统经济学思想的补充和完善。在本书后续章节中，将基于上述新制度经济学的人类行为假设对企业管理层履行社会责任的行为动机展开深入剖析。

一、非财富约束最大化假设

新古典经济学理论假设所有的“经济人”都是理性的，即追求财富的最大化。然而，由于现实世界中人类行为的复杂性，往往无法用单纯的“理性人”假设完全解释。因此，新制度经济学的非财富最大化假设产生，该假设认为，人类行为动机具有双重性，即除了对财富的追求外，还存在着对于名利荣誉及政治地位等非财富目标的追求，而且财富最大化与非财富最大化目标的追求同时存在，且为了使得最终所得的满足程度最大化，会寻求一个最优组合比例，以达到两者之间的双重动机均衡。

二、有限理性假设

理性假设是传统经济学的逻辑起点与核心概念（卢现祥和朱巧玲，2012）。新古典经济学派信奉理性假说，将古典经济学家亚当·斯密提出的“经济人”概念演化为“理性人”，然而，针对理性假设的争论从其诞生之日起就没有停歇。

1961 年，美国经济学家、诺贝尔经济学奖获得者赫伯特·西蒙（Herbert A. Simon）从人的意识、决策环境与决策目标等方面对完全理性假设予以否定，并提出有限理性（bounded rationality）的概念，他认为人在主观上追求的理性只能在有限的程度上实现。

此后，科斯（Coase）、威廉姆森（Williamson）和德姆塞茨（Demsetz）等新制度经济学代表人物对人类存在有限理性的原因进行了深刻分析，概括起来主要包括外部约束和内部约束两个方面。其中，外部约束主要包括环境的复杂性以及由此带来的信息的不完全性和非对称性。在经济交易中，行为人面临的世界是复杂且不确定的，交易越多，不确定性越大，而信息不对称的存在使得人们在交易中掌握的信息无法（或因获取信息的成本太昂贵）达到最佳状态，因此限制了行为人的理性选择。而内部约束主要是因为人的智力是一种有限的稀缺资源，人脑处理信息的能力有限，因此对环境的计算和认识能力亦很有限，在复杂多变的社会环境下，即使拥有相对完全的信息，也无法做出完全理性的判断和决策。由于环境的不确定性、信息的不完全性和非对称性以及行为人认识能力的有限性，最终导致“经济人”在环境反应上的有限理性。由此可见，有限理性假设更加符合现实中人的行为特点。

如上所述，正是因为有限理性理论（Simon，1961）认为现实生活中的决策者是介于完全理性与非理性之间的“有限理性”的“管理人”，个体的理性被信息、时间或认知能力等约束条件所限制。因此，在后续章节进行企业社会责任动机研究时，本书倾向于认为企业管理层可能基于追逐自身利益的动机（McWilliams et al.，2006），通过“信息超载”（information overload）的方式（Agnew and Szykman，2005)，借助履行企业社会责任所带来的声誉效应掩盖其所做的不当行为，转移公众的视线（Hemingway and Maclagan，2004)。

三、机会主义行为倾向假设

机会主义行为倾向假设的提出源于非财富约束最大化假设和有限理性假设。由于现实世界中环境复杂性、信息不对称以及大量交易费用的存在，使得社会经济资源的配置难以单纯依靠市场价格调节机制达到帕累托最优（杨瑞龙等，1999)。在这样的市场条件下，行为人基于财富及非财富最大化目标的双重动机驱使，倾向于通过不完全如实地披露信息及其他投机取巧、损人利己的行为谋取自身利益的最大化。由此可见，如果企业管理层出于机会主义行为动机而履行社会责任及进行信息披露，那么将可能误导利益相关者对企业价值和财务业绩的认知。由于制度的重要功能就是约束人的机会主义行为倾向，因此，本书立足于新制度经济学理论，致力于通过对企业社会责任的行为动机分析，科学地预测企业管理层在社会责任履行过程中可能存在的机会主义行为倾向。

新制度经济学关于人的行为特征的这三大假设使得经济理论更加符合当前的社会现实，因此，能更好地解释社会中制度、规则与企业、个人行为之间的关系。在本书的后续研究中，将综合采用上述新制度经济学的经典假设来深入剖析企业管理层进行社会责任履行的行为动机，从而使政府相关部门在制度设计时更有针对性，更加趋于完善，更有利于管理目标的实现。

第二节　产权理论

一、产权

产权（property）即财产所有权的简称。由于不同产权经济学派在研究产权问题时的着眼点不同，对产权的概念和理论界定也略有差异。财产权是以法律允许的方式处理事物的权利①（Ryan，1987)；现代产权经济学创始人阿尔钦（Al-

① 该定义记载于《新帕尔格雷夫经济学大辞典》中，该著作是由英国经济学家伊特韦尔约请美国经济学家米尔盖特和纽曼成为他的合作者，于 1983 年开始编纂，1986 年编成，1987 年 9 月出版的。这部四卷本的大辞典由世界上 34 个国家的 900 多名知名学者（其中包括 13 位当时在世的诺贝尔经济学奖获得者中的 12 个）共同撰写完成。

chian，1987）认为，产权就是通过社会的强制而对某种经济物品多种用途实现选择的权利①；此外，个人对资产的产权包括资产消费、资产中取得收入及让渡资产的权利这三个方面（Barzel，1997）。卢现祥和朱巧玲（2012）综合众多产权经济学家的定义后提出，产权是由于物的存在及其使用所引发的人与人之间行为关系，这种行为关系得到相互认可，其不仅包括人对财产使用的权利，还确定了人的行为规范。因此，产权制度可以看作是一种社会制度。

按照产权的排他性程度的差异，可以分为国有产权、共有产权和私有产权三大类。其中，共有产权常在企业资源利用的过程中产生附带的外部效应。生态环境保护由于涉及社会各阶层切身利益，是人权发展的重要保障，因此，在很大程度上可以视为公共物品（郭道扬，2009）。生态环境所具备的这种共有产权特征使得身处其中的企业在谋求自身利益发展的同时，可能对社会公众带来一系列社会问题。例如，钢铁制造厂在生产过程中未加治理便随意排放污水、废气、废渣，由此带来的环境污染则是由社会承担代价。因此，出于对其他利益相关者利益的考虑，政府必须明确产权主体，出面干涉，从企业承担正向社会责任及减少负向社会危害的角度来综合考虑企业的社会业绩，规范企业行为，敦促企业在自然资源利用、三废污染排放等问题上充分考虑对生态、自然环境、社会及其他利益相关者的影响。由此可见，只有明确产权，才能有效地保护产权。

二、企业产权

（一）企业所有权、剩余索取权与剩余控制权

广义的所有权具有产权概念的全部内涵，它集中体现为对财产排他性的占有、使用、收益和处分的权利（卢现祥和朱巧玲，2012）。索取权是财产权中的一项重要权利，其基础是所有权。产权经济学家阿尔钦和德姆塞茨（Alchian and Demsetz）于1972年在《美国经济评论》（*The American Economic Review*）上发表了一篇影响广泛的论文《生产、信息成本与经济组织》（Production，Information Costs，and Economic Organization），该论文基于团队的协作生产和一致性分配，首次提出了著名的“团队生产理论（Team Production Theory）”，该理论具有丰富的思想内涵，大大推进了科斯（Coase）的研究。其中，该论文提出，企业产权

① 该定义记载于《新帕尔格雷夫经济学大辞典》。

结构的设置是基于团队生产过程中各要素所有者之间相互关系而建立的制度安排，此外，团队生产理论对剩余索取权进行了诠释，认为剩余索取权是企业在团队生产中对合作剩余的要求权，而合作剩余则为企业总收益减去合约报酬（Alchian and Demsetz，1972）。剩余控制权的概念则是由格罗斯曼和哈特（Grossman and Hart）于1986年提出的，他们认为，剩余控制权是没有在契约中事先规定的那部分控制权的权利，掌握剩余控制权将具有信息优势（李秉成，2011），因此，剩余控制权实质上就是对企业净利润的使用、支配、处置等方面的控制权。为了达到企业效率最优化，在企业所有权约束的情境下，企业的剩余索取权和剩余控制权的配置应该对应，以便于企业管理层的决策需要。

（二）国有企业产权

国有企业①（state-owned enterprise）是全体国民共同所有并由代表全体国民意志的国家来管理的企业（吴延兵，2012）。国有企业的特殊性表现在资产全部或部分由国家投入，因此，其终极所有权归政府所有，这使得国有企业表现出与一般民营企业不同的产权特征（卢现祥和朱巧玲，2012）。

在我国，目前有半数以上的上市公司最终的产权控制人为国家，即国家的全体国民。在现代公司制度下的委托—代理关系中，全体国民是国有企业的委托人，对国有企业存在合法剩余索取权，但由于并不实际参与企业经营决策，因此对企业并没有剩余控制权；而企业管理层通常是由上级政府任命的，作为代理人虽然拥有实际的剩余控制权，但其一般并不拥有企业的所有权，因此没有合法的剩余索取权。国有企业产权的这种特殊性，造成无论是企业的委托人还是企业的代理人均存在着剩余索取权与剩余控制权的不一致。

由于国有企业所具有的“政企不可分性”特性，近年来，管理当局在任命企业管理层时，往往适当偏离利润最大化原则，更多地考虑政治利益而非经济利益。在实施国有企业改革的进程中，多尝试通过政治及社会业绩考核决定其行政升迁的办法达到管理层激励的目的，这种方法在一定程度上使得管理层的剩余索取权与剩余控制权得以实现部分对应（吴延兵，2015），最终提高企业经营效率；此外，该政策导向也使得国有企业管理层基于自身政治前途的考虑，在决策过程中充分关注国家战略目标的实现以及保障充分就业、维持社会稳定等非经济目标的实现（黄速建和余菁，2006），在经营过程中，更多关注企业社会责任问题，

① 本书中的国有企业特指中国的国有企业。

秉承以“社会价值最大化”为目标的价值追求。

近20年来（统计年份为2000～2019年），中国知网数据库①中分别以“产权”以及“产权”+“社会责任”作为主题的年度研究文献发文量的统计情况见表2-1。从表2-1所列出的结果可以看出，近20年来，国内学术界以“产权”为主题的研究文献发表量数以万计，且在近年来研究热度一直居高不下，文献研究数量的高峰值出现在2007年和2014年，笔者认为，出现这一现象主要与自2005年下半年开始的股权分置改革②存在较大关联；而以“产权”+“社会责任”为主题的研究文献发表量较之于以“产权”为主题的文献研究量存在数量级上的巨大差异，但从近20年的数据来看，文献研究量除在2012年出现小幅波动后一直呈现上升趋势。该研究结果表明，产权问题是当前的热点研究话题，尤其是在国家实施股权分置改革的大背景下，更是成为理论界和实务界共同关注的问题。然而，引入并关注企业产权性质、产权结构等企业产权因素，综合考虑国有企业产权性质及股东持股比例对企业社会责任所带来的影响，这方面的研究仍然有着较大的研究空间和较高的理论及实践研究意义。

表2-1　中国知网数据库中以“产权”为主题的年度发文量统计表

年份	“产权”	“产权”+“社会责任”
2019	11789	211
2018	9389	189
2017	12252	169
2016	13134	150
2015	13160	116
2014	14064	121
2013	13758	132
2012	14112	165
2011	14023	140
2010	13216	118
2009	13580	99

① http://www.cnki.net/。

② 2005年9月6日，沪深证券交易所和中国证券登记结算公司联合发布实施《上市公司股权分置改革业务操作指引》。同时，沪深证券交易所还分别发布了《上市公司股权分置改革说明书格式指引》。由此，股权分置改革的相关政策和业务操作程序已经明确，全面股改正式进入实施阶段。

续表

年份	“产权”	“产权”＋“社会责任”
2008	14130	94
2007	14180	69
2006	13433	87
2005	12729	56
2004	11769	25
2003	9377	19
2002	8047	7
2001	6881	3
2000	6290	4

注：数据来源于中国知网数据库（http：//www. cnki. net/），统计日期为2020/7/28，该统计只对前4万条记录分组。

第三节　契约理论

一、契约

契约随着人类社会中交易需要的产生而产生，经济的发展使得契约的作用越来越重要。1762年，卢梭在《社会契约论》中写道：“随着人类的发展，困难也就与之俱增，人与他人结合成群，某种粗糙的相互订约的观念由此产生。”① 在《牛津法律大词典》中，契约（contract）被定义为，两人（或多人）之间为了在相互间设定合法义务，所达成的具备法律强制力的协议②。易宪容（1997）认为，契约就是双方（或多方）当事人以地位平等、意念自由为前提，共同为改进自身的经济状况，在交易过程中确立的权利流转关系③。从法律的角度来说，契约是一种制度安排，可以保证利益相关者实现自身合法利益，因此，经济交易中的双方多倾向于选择契约界定权责（Alchian and Demsetz，1972），以维系交易关系。1977年，公共选择理论的里程碑人物、1986年诺贝尔经济学奖得主詹姆

① ［法］让·雅克·卢梭：《社会契约论》，商务印书馆2003年版，第18页。

② Walkker，David M. The Oxford Companion to Law. Oxford：Clarendon Press，1980.

③ 易宪容：《现代合约经济学导论》，中国社会科学出版社1997年版，第9页。

士·麦基尔·布坎南（James M. Buchanan）在其著作《宪法契约中的自由：政治经济学视角》（*Freedom in Constitutional Contract: Perspectives of a Political Economist*）一书中指出，经济学越来越接近于“合同科学”而不是一门“选择科学”。由此可见，契约反映了促进交易的不同方式。因此，在当前经济学研究领域中，契约问题已成为西方经济学研究中最为活跃的领域，是经济学中占统治地位的研究对象。

在中国，对于契约问题的研究历史亦是源远流长，中国知网数据库中能够搜索到的以“契约”为关键词的最早文献记录是1917年学者孟宪承①在清华大学学报（自然科学版）第二卷第六期上连载的《麦克罗博士②演讲录》之五：代议政治之溯原③下。在这篇文章中，作者讨论了卢梭的《社会契约论》（又名《民约论》），并认为社会契约论并非是卢梭最早提出的，只是以卢梭最为知名。原文记载如下：“代议观念之原④何在乎。人将曰。原⑤于卢梭之《民约论》⑥ 盖卢梭以为人民未有政府以前。权利自由。悉皆平等。然患其无秩叙⑦。无平安。而不足以相生养也。乃缔结契约。……然社会契约之说，以卢梭而昌。非以卢梭而始也。……”此后，中国学者唐崇慈（1917）及浦薛凤（1931）在《清华大学学报（自然科学版）》上以《卢梭之政治思想》为题⑧，对卢梭的主要思想及其社会契约论的主要观点进行了阐述和卓有见地的评论。2020年7月20日，习近平总书记在企业家座谈会上的讲话指出，法治意识、契约精神、守约观念是现代经济活动的重要意识规范。

近20年来（统计年份为2000～2019年），中国知网数据库中以“契约”以及“契约”+“社会责任”作为主题的年度研究文献发文量统计情况见表2-2。从表2-2中可以看出，国内学术界以“契约”为主题的研究文献发表总量在2000～2013年间呈现出直线上升的趋势，并在2013年达到最高峰，此后稍有回落，然后始终维持在高峰值的水平；以“契约”+“社会责任”为主题的研究

---

① 原始文稿中标注其身份为专职的演讲记录员。

② 麦克罗博士为美国普林斯顿大学历史政治科主任教授。

③ 应为“源”，笔者按。

④ 应为“源”，笔者按。

⑤ 应为“源”，笔者按。

⑥ 又译《社会契约论》，是法国思想家让·雅克·卢梭于1762年撰写的著作。《社会契约论》是世界政治法律学说史上最重要的经典之一，其中主权在民的思想，是现代民主制度的基石，深刻影响着逐步废除欧洲君主绝对权力的运动和18世纪末北美殖民地摆脱英帝国统治、建立民主制度的斗争。

⑦ 应为“序”，笔者按。

⑧ 其中，浦薛凤（1931）论文题的全名为《卢梭之政治思想（J. J. Rousseau，1712-1778）》。

文献发表量在数量级上少于以“契约”为主题的文献研究量，从近20年的数据来看，文献研究量在2000～2012年间呈现出直线上升的趋势，并在2012年达到最高峰，此后有小幅波动并略有回落。数据分析结果表明，契约问题及其在社会经济领域的应用无论是在过去还是在当前相当长的一段时期内都具有较高的理论学术价值及实际研究意义，是学术界研究的热点课题之一。

表2－2　　中国知网数据库中以“契约”为主题的年度发文量统计

年份	“契约”	“契约”＋“社会责任”
2019	3906	132
2018	3968	157
2017	4607	177
2016	5002	209
2015	5434	188
2014	5308	248
2013	5509	261
2012	5552	289
2011	5549	277
2010	5433	258
2009	5092	242
2008	5172	222
2007	5095	182
2006	4590	153
2005	3774	78
2004	3055	47
2003	2440	20
2002	1898	10
2001	1324	3
2000	1087	3

注：数据来源于中国知网数据库，统计日期为2020/7/28，该统计只对前4万条记录分组。

二、契约理论及主要派生理论

契约理论是近年来发展最为迅速的经济学分支之一，该理论研究在特定交易环境下分析不同合同人之间的经济行为及其结果。契约理论包括古典契约理论、新古典契约理论和现代契约理论。从 18 世纪后期开始，到 19 世纪中后期，古典契约理论发展逐渐成熟达到顶峰，19 世纪 70 年代初，边际革命建构了新古典理论的分析框架，标志着新古典经济学的诞生。其中，新古典契约理论在完全竞争市场的条件下强调契约的完全性和不确定性。正是由于契约的不确定性，新古典交易理论开启了现代契约理论的新思路（卢现祥和朱巧玲，2012）。

20 世纪 70 年代，西方经济学家创立了现代契约经济学，随着经济学界对现代契约理论的深入研究，契约理论逐渐细分为如下三大理论流派：激励理论（incentive theory）、不完全契约理论（incomplete contract theory）和新制度交易成本理论（new institutional transaction costs theory）（Brousseau and Glachant，2002）。包括委托—代理理论①、不完全契约理论以及交易成本理论三个理论分支，这三个分支相互补充，共同构成解释公司治理的重要理论工具（苏启林，2004）。其中，非对称信息下的委托—代理理论主要探讨委托人和一个或多个代理人之间由于信息不对称所产生的后果。

20 世纪 70 年代，美国经济学家约瑟夫·斯蒂格利茨（Joseph E. Stiglitz）、乔治·阿克尔洛夫（George A. Akerlof）、迈克尔·斯宾塞（Andrew Michael Spence）提出信息经济学领域的重要理论——信息不对称理论。由于契约当事人是有限理性的，而信息存在不对称性，因此，在市场经济活动中，契约当事人对信息的了解存在着差异，双方无法获知对方所持的信息。信息不对称现象的普遍存在，使得交易者常基于机会主义行为倾向，利用信息不对称逃避风险，转移交易成本。因此，信息不对称的存在会导致均衡契约或最优契约难以实现（卢现祥和朱巧玲，2012）。

信息不对称的存在易引起不确定性，而这种不确定性可能成为影响委托—代理关系的常见问题诱因。委托—代理问题正是由于代理人和委托人之间存在信息不对称，代理人作为理性经济人，出于自我寻利的动机，利用各种可能的机会，增加自身利益，为了追求自身利益最大化而使委托人利益受损。委托—代理理论的道德风险②和逆向选择③的研究及其基本计量模型均出现在 20 世纪 70 年代。在随后的理论发展中，新模型的引入进一步丰富了委托—代理理论并提高其理论的预测能力，为契约理论提供了广泛的理论视角。

根据“综合性社会契约理论”可知，企业与社会间存在社会契约，因此，社

① 激励理论是由委托—代理理论发展而来（Williamson，2002）。

② 研究事后当事人之间博弈的信息不对称模型叫作道德风险模型（卢现祥和朱巧玲，2012）。

③ 研究事前当事人之间博弈的信息不对称模型叫作逆向风险模型（卢现祥和朱巧玲，2012）。

会为企业发展提供便利、承担责任，相应地，企业也应对为其提供发展条件的社会承担社会责任（曾萍，2011）。因此，基于委托—代理关系、信息不对称、综合性社会契约理论以及对管理层激励约束机制的存在，企业履行社会责任及信息披露行为很可能与管理层（代理人）追逐自身利益的机会主义动机相关。在此基础上，企业管理层的社会责任行为，势必对企业风险产生影响。在本书后续部分的研究中，将以上述理论作为研究基础，其中，第三章主要从会计信息质量对企业社会责任影响的角度进行分析，分别从企业的盈余质量和会计稳健性两个方面对企业履行社会责任的动机进行探究，第四章分别从企业内部经营策略、外部信息中介和资本市场定价效率的角度对企业社会责任的经济后果展开实证研究。

第四节　可持续发展理论

一、可持续发展思想的源起与发展

自欧洲资本主义工业化革命以来，人类发展的目标是追求国民生产总值的最大化。在工业生产过程中，过分强调物质财富提升的后果是不可再生资源的大量耗费、大范围的环境污染以及由此导致的严重生态失衡（林乐芬，2007）。自20世纪60年代以来，经济学家、生态学家们开始反思工业经济中长期奉行的盲目追求经济利益最大化的发展战略，研究和探索人类社会的可持续发展之路。1965年，美国经济学家科罗拉多大学（University of Colorado）教授肯尼思·艾瓦特·博尔丁（Kenneth E. Boulding）发表论文《一门科学——生态经济学》中，提出"生态经济学"概念，认为经济活动过程中资源可以循环流动，人口和经济的盲目增长，必将最终导致自然资源的耗竭。1968年，意大利的多名学者共同组建"罗马俱乐部"，该俱乐部的主要工作是商讨经济发展、资源耗费与生态环境之间的关系。1972年，挪威环境哲学家阿兰·奈斯（Arne Naess）提出"深生态学"的概念，着重强调生态物种的多样化以及人与环境之间的关系是密不可分的。1987年，世界环境与发展委员会（World Commission On Environment And Development，WCED）[①] 在《我们共同的未来》报告中正式提出可持续发展，要求

① 世界环境与发展委员会（WCED），通称联合国环境特别委员会或布伦特兰委员会（Brundtland Commission）。

人类在经济生产力提升的同时关注对生态环境的保护。2002 年，联合国在南非举行可持续发展世界首脑会议，会议旨在推进全球可持续发展的步伐，倡议保护地球的生态一体化及生物多样化，维系地球生命体的自然延续（林乐芬，2007）。2016 年 9 月 3 日，国家主席习近平在 B20 峰会开幕式上发表重要讲话，明确指出，要毫不动摇地实施可持续发展战略，坚持节约资源和保护环境，坚持绿色低碳循环发展，主动应对气候变化和产能过剩的问题，让老百姓切实感受到经济发展带来的生态效益。① 2018 年 5 月，全国生态环境保护大会确立了“习近平生态文明思想”，提出坚持人与自然和谐共生，实现人类可持续发展的理念。② 2020 年 7 月 7 日，联合国可持续发展高级别政治论坛通过在线方式开幕，联合国负责经济与社会事务的副秘书长刘振民指出，当全球面临“历史性规模的危机”时，实现可持续发展目标“比任何时候都要更加紧迫”，在疫情大流行期间，要克服危机，回到实现可持续发展目标的轨道上来。③

二、可持续发展的基本思想

可持续发展的思想是人类社会发展的产物，它缘于人类对自身进步与自然环境关系的反思（王秋蓉，2019）。1972 年，联合国在瑞典首都斯德哥尔摩举行会议，商讨人类环境与发展问题，会上正式提出可持续发展的基本思想，一致认为环境的改善关系到人类经济的长远和持续发展。1991 年，世界自然保护联盟（IUCN）④ 等多个组织联合发表《保护地球——可持续生存战略》报告，该报告指出，可持续发展的主旨思想为，人类生活质量的改善应不超过生态系统的承载能力。2020 年 1 月 21 日，世界经济论坛年会开幕，会议主题是“凝聚全球力量，实现可持续发展”。⑤

综上所述，可持续发展的基本思想主要体现为以下几个方面的内容：首先，可持续发展与经济增长并不是相互矛盾的，可持续发展反对单纯对经济利益的追

① 习近平：坚定不移推动绿色发展　谋求更佳质量效益［OL］. 央视网，http：//news. cctv. com/2016/09/03/ARTI3LnOBVg4L2zKIzlpvhWI160903. shtml.

② 王金胜. 学习宣传贯彻习近平生态文明思想［OL］. 人民网，http：//theory. people. com. cn/n1/2018/0614/c40531 - 30057687. html.

③ 强调实现可持续发展目标任务更加紧迫［N］. 经济日报，2020 - 7 - 9.

④ 世界自然保护联盟（IUCN），是世界上规模最大、历史最悠久的全球性环保组织，也是自然环境保护与可持续发展领域唯一作为联合国大会永久观察员的国际组织。

⑤ 世界经济论坛 2020 年年会开幕　达沃斯为全球可持续发展凝聚力量［OL］. 新华网，http：//www. xinhuanet. com/2020 - 01/21/c_1125491312. htm.

逐，鼓励经济适度增长；其次，可持续发展要充分考虑生态环境的承载能力，尽量减少经济发展过程中对环境的破坏；再其次，对于可持续发展的研究要在经济、社会及生态环境共同的框架下进行，各要素相互适应，共同维持环境保护前提下的经济增长；最后，可持续发展要求企业在发展经济的同时，不断发现和使用新能源、提高现有资源的使用效能，达到人与自然的和谐统一。

近20年来（统计年份为2000～2019年），中国知网数据库中以“可持续发展”以及“可持续发展”＋“社会责任”作为主题的年度研究文献发文量统计情况见表2－3。从表2－3中可以看出，国内学术界以“可持续发展”为主题的年度研究文献发表数量一直居高不下，其中，在2013年达到研究样本期间内的最高峰；而以“可持续发展”＋“社会责任”为主题的年度研究文献发表数量在2012～2013年达到峰值，之后稍有回落但均在一千篇的数量级水平。数据分析结果表明，在当前经济高速增长、生态环境问题严重凸显的大背景下，可持续发展问题有着相当重要的研究必要性和迫切性，理论学术研究蓬勃发展，然而，将可持续发展理念与社会责任问题相结合的研究则方兴未艾，存在很大的研究空间，必将成为接下来学术界研究的重点课题之一。

表2－3　　中国知网数据库中以“可持续发展”为主题的年度发文量统计

年份	“可持续发展”	“可持续发展”＋“社会责任”
2019	20059	962
2018	14086	795
2017	19392	1032
2016	22164	1111
2015	22247	1176
2014	25683	1478
2013	26410	1533
2012	25382	1577
2011	24683	1372
2010	24745	1249
2009	23589	1147
2008	22999	993
2007	22013	720
2006	19456	438

续表

年份	“可持续发展”	“可持续发展” + “社会责任”
2005	18248	271
2004	15784	104
2003	12619	52
2002	10318	23
2001	9312	21
2000	8336	7

注：数据来源于中国知网数据库，统计日期为2020/7/28，该统计只对前4万条记录分组。

人类社会可持续发展理念是企业社会责任观念形成的主要源泉。招商银行《2019年社会责任报告》中就强调要致力于可持续金融，贡献可持续发展的理念。因此，在后面，笔者将可持续发展的理念和思想贯彻到企业社会责任的研究中去，力求探究企业社会责任对企业内外部影响的经济后果中可持续发展理论的指导作用。

第五节　利益相关者理论

早在2000多年前的古希腊时期社会责任的思想就已经出现，然而，那时人们主要关注的是自然人的社会责任履行，很少关注企业的社会责任问题。将企业看作一个道德主体，认为企业源于纯粹道德良知履行社会责任的思想最早可以追溯到1340年，巴尔达奇（Baldacci，1340）表示：“每一个诚实守信的商人都是正直的，他们目光长远，言出必行，诚信销售，计算总是准确无误……。”① 但在当时，企业社会责任的研究一直没有一致认可的科学理论作为指导。

1963年，国际斯坦福研究所（The Stanford Research Institute International）②

① Balducci（1340）：“What Every True and Honest Merchant Must Have Within Himself. Integrity always suits him，[l] ong foresight keeps him well，[a] nd what he promises doesn't come lacking；[a] nd he should be，if able，of beautiful and honest behaviour [a] ccording to what needor reason he intends. And to buy cheap he sells dear，[b] eyond rebuke with a beautiful welcome，[h] e awails himself of the church and gives for God，[h] e grows in a merit，and sells with a word. Usury and the game of dice are forbidden [a] nd take away everything. He writes his calculations well and does not err. Amen”［文字引自多普森（Dotson，2002）。注中括号中字母为对原文中单词疏漏的增补。］

② 现在的斯坦福研究所国际公司（SRI International，Inc.，SRI）。

在一份备忘录中提出“利益相关者”（stakeholder）的定义，被学术界认为是对利益相关者概念的最早界定。此后，利益相关者理论逐步发展起来，20 世纪 80 年代以后迅速扩大。1984 年，弗里曼出版了《战略管理：利益相关者管理的分析方法》① 一书，明确提出了利益相关者理论。弗里曼（Freeman，1984）认为，利益相关者是那些能影响组织目标实现，或能被组织目标实现过程影响的个体和群体。根据该定义的表述可知，企业利益相关者一般应包括股东、债权人、供应商、客户、员工、社区及政府等相关个体及群体。在进行管理活动时，企业管理层应综合考虑各利益相关者的利益要求的平衡。

与处于经济管理理论中心的传统股东至上的企业主流理论相比，利益相关者理论对传统理论进行了拓展，在与“股东价值最大化”理论不断交锋的过程中，利益相关者理论逐渐成熟并发展成为完备的理论体系（Barton et al.，1989）。利益相关者理论认为，企业本质上是各利益相关者缔结的“契约联结体”（Dodd，1932），企业管理层并非仅仅只是股东的代言人，而应该是整个组织中所有组织成员的代理人。企业的各方参与者（或称利益相关者）为企业生存和发展提供各方面的特殊资源（Donaldson and Preston，1995），企业想要可持续发展，就必须赋予利益相关者以剩余控制权和剩余索取权，使其能够共同分享企业的所有权（卢现祥和朱巧玲，2012），并在企业的经营决策中充分考虑其利益，将他们的利益实现纳入企业的日常经营活动中来，并且给予相应的报酬或补偿（陈宏辉和贾生华，2003）。企业的发展前景取决于企业管理层对各方利益相关者期望的满足程度，依赖于利益要求的回应质量（曾萍，2011）。因此，平衡众多利益相关者的需求，必将有助于企业维系良好的利益相关者关系，进而降低企业的经营风险。企业的社会责任问题可以依托利益相关者的共同治理予以实现（Wallace，2003）。与企业社会责任相比，利益相关者理论更为重视理论的挖掘、梳理和完善（沈洪涛，2005）。反过来讲，企业积极承担社会责任的行为，也正是为了与利益相关者建立良好的关系。

近年来，在广大学者的潜心研究下，利益相关者理论已经形成了一套相对完整的理论体系，并与企业社会责任思想相互融合，相辅相成。近 20 年来（统计年份为 2000 ~ 2019 年），中国知网数据库中以“利益相关者”及“利益相关者”+“社会责任”为主题的年度发文量统计情况见表 2 - 4。从表 2 - 4 中可

① Freeman，R. E.. Strategic Management：A Stakeholder Approach [M]. Pitman Publishing Inc，1984.

以看出，随着构建社会主义和谐社会指导思想①以及可持续发展战略的深入人心，国内学术界对于以“利益相关者”为主题的研究文献发表总量呈现出逐年上升的趋势。这表明利益相关者理论研究发展迅速，尤其是在2009年之后，在构建和谐社会指导思想的指引下，更是成为理论界和实务界共同关心的热点话题，以“利益相关者”作为主题的文献研究数量突破2600篇，而以“利益相关者”+“社会责任”作为主题的文献研究数量也达556篇，较之前些年份有很大的增长态势。

表2－4　中国知网数据库中以“利益相关者”为主题的年度发文量统计

年份	“利益相关者”	“利益相关者”+“社会责任”
2019	4572	354
2018	4530	284
2017	4165	345
2016	4428	415
2015	4557	509
2014	3985	584
2013	3563	622
2012	3284	616
2011	3012	650
2010	2893	577
2009	2607	556
2008	2474	453
2007	2131	410
2006	1678	285
2005	1551	170
2004	1111	94
2003	853	64
2002	617	28
2001	483	9
2000	310	3

注：该数据来源于中国知网数据库，统计日期为2020/7/28，该统计只为前4万条记录分组。

① 2006年10月11日，中国共产党第十六届中央委员会第六次全体会议明确提出了当前和今后一个时期构建社会主义和谐社会的指导思想、目标任务、工作原则和重大部署。这次会议把构建社会主义和谐社会定义为新时代党的施政纲领。

作为企业社会责任的经典理论，利益相关者理论与企业社会责任思想紧密结合，并对企业经营决策行为产生深远的影响。因此，在后续章节的研究中，将结合利益相关者理论，实证分析企业对不同利益维度的主要利益相关者履行社会责任的行为影响企业内部经营策略制定的效应。

第六节　企业伦理理论

一、中国传统伦理思想

中华文化源远流长、博大精深，几千年的文明史孕育了底蕴深厚的伦理思想（曾萍，2011）。中国传统伦理思想是中国古代思想家对中华民族道德实践经验的概括和总结，最早见于先秦诸子百家的论著，距今已有三千多年的历史。中国古代的社会结构是一种基于血缘关系的宗族本位社会结构（张锡勤，2015），作为社会关系的基本组成部分，血浓于水的亲情关系决定了中国传统伦理观念以道德为核心。儒家思想推崇伦理道德修养，强调义利统一，以个人修身为基础，致力于社会的完善，主张以德治国，公忠体国，成为中国古代传统伦理思想的主流。此后，在重德的传统伦理思想框架下，历代的思想家、哲学家们对公私、义利以及荣辱等对立的价值取向展开了深入的研究，有力地推动了中国传统文化及伦理思想的发展和演变，当今，对于中国传统伦理思想的传承必将有助于现代企业管理过程中的伦理道德构建、价值观的形成及企业文化的建设。

二、西方企业伦理理论

在西方，伦理学概念最早源于希腊文的“ετησs”一词，本意为“本质”“人格”。古希腊哲学家、思想家亚里士多德（希腊语：Αριωτοιλη）在其著作《尼各马可伦理学》（*Ethika Nikomachea*）① 中首次赋予其伦理的含义。伦理学的研究对象主要包括道德意识现象、道德活动现象及道德规范现象等，其以规范的研究方法描述行为的是非及价值理念。企业伦理属于应用伦理学的范畴，指企业经营管理活动过程中的伦理道德价值体系（龚天平和窦有菊，2007）。企业伦理

① 《尼各马可伦理学》（公元前 335 ~ 323 年）是西方伦理学史上首部专著，为西方伦理学思想的主要渊源之一。

理论将企业看成一个道德主体，研究企业在经营管理实践活动中所肩负的道德责任及道德问题，而这正是卡罗尔（Carroll，1979）提出的企业社会责任定义中“经济、道德、法律及慈善”四个方面的责任之一。因此，接下来简述与本书研究主题相关的两个企业伦理学主要理论。

（一）功利论

功利论，又称功利主义（Utilitarianism），属于道德哲学的范畴，是西方较有影响力的伦理学说之一，早在古希腊时期，哲学家伊壁鸠鲁（Epicurus）就提出了“快乐主义伦理学”。18～19 世纪，功利论创始人英国哲学家杰里米·边沁（Jeremy Bentham）在其论着《道德与立法原则导论》中提出的“最大幸福原理”（maximum happiness）。该原理认为，人的道德行为是人性规律支配下的价值行为，是人性的现实表现（万俊人，2003）。此后，英国心理学家、哲学家和经济学家约翰·斯图亚特·穆勒（John Stuart Mill）于 1861 年出版著作《功利主义》，使得功利主义伦理学得到进一步的发展与完善。简而言之，功利主义哲学理论认为，人的本性趋乐避苦，其行为往往受到功利的支配（Mill，1861）。由此可见，穆勒对功利主义的界定是站在最大多数人的角度最大化最多数人的幸福，即能为行为影响的大多数人带来最大幸福的行为才是善的。因此，社会或政府在对企业实施监管的过程中应将追求最大多数人的最大幸福作为管理的基本职能，并通过敦促和监督企业管理层合理地承担社会责任义务，最大可能地为利益相关者谋求福利。

（二）道义论

道义论，又称义务论，指人的行为必须遵照道德原则，以正当性为行为标准。道义论的理论核心是义务和道德。古希腊著名的哲学家、思想家苏格拉底（希腊语：Σωκράτη）主张“美德即知识”，首次在理论上对道义论进行阐述。

近代道义论研究领域著名学者、德国哲学家、古典哲学创始人伊曼努尔·康德（Kant，1785）认为，为实现个人功利目的而做的事情不能被认为是道德的，行为是否符合道德规范取决于该行为的动机是否具备伦理正当性。由此可见，道义论是以社会或群体的整体利益为道德考虑目标的，以一己私欲为出发点来决定行为方式的动机违背了道义论的宗旨，只有善良的道义动机，才可以成为人类行为的真正动力和根基（万俊人，2003）。

第七节　本章小结

本章系统介绍了本书的理论研究框架，对研究过程中涉及的相关理论进行了系统的阐述。主要包括新制度经济学的人类行为假设、产权理论、契约理论、可持续发展理论、利益相关者理论及企业伦理理论。

第一节中，主要针对新制度经济学中非财富最大化假设、有限理性假设及机会主义行为倾向假设这三大人类行为假设进行了阐述，为后面企业管理层履行社会责任行为动机的研究提供理论基础；第二节中，阐述新制度经济学的产权理论；第三节中，阐述契约理论及由此派生的激励理论、委托—代理理论及信息不对称理论等，进一步为企业社会责任行为动机研究奠定理论基础；第四节中，阐述可持续发展理论；第五节中，阐述利益相关者理论，为企业社会责任经济后果研究提供必要的理论基础；第六节中，通过对企业伦理理论的阐述，试图为企业在实践工作中构建社会责任的战略实现路径提供理论上的指导。

第三章 企业社会责任的行为动机研究

在现代经济高速增长的光环之下，往往暗藏生态破坏、环境污染、资源过度开发、社会公德缺失等一系列社会问题，这使得企业社会责任成为社会各界共同关注的热点问题。当前，构建和谐社会、节能减排、实现可持续发展的理念已成为社会共识，越来越多的中国企业开始关注社会责任。那么，企业履行社会责任究竟是基于获取声誉资本、提升绩效，在价值增值驱使下追求利益相关者价值最大化的战略动机；还是在企业两权分离的情况下，管理层面对委托—代理问题的驱使，通过履行社会责任来达到掩盖其不当行为、转移公众视线的动机，抑或是建立和维持良好政治关系的政治动机、做良好公民不求回报的利他动机呢？为了深入探讨这个问题，接下来，笔者将从理论的角度进行剖析，并结合实证分析进行检验。

第一节 理论分析

现代企业两权分离和信息不对称现象的存在，使得企业所有者和管理层之间存在委托—代理问题（赵纯祥和罗飞，2013）。新制度经济学提出非财富最大化假设、有限理性假设和机会主义行为倾向假设，根据这三大人类行为假设，作为有限理性的行为人，企业管理层往往从自身利益出发，致力于追求其自身利益的最大化，这与企业股东财富最大化目标存在冲突。契约理论指出，所有者（委托人）倾向于通过严密的契约关系来监督和规范管理层（代理人）的行为，而这必将产生代理成本。由于管理层激励约束机制的存在，在企业所有者和管理层之间存在信息不对称的情况下，管理者倾向于秉承机会主义行为动机，利用自身的信息优势，采取盈余操纵等不当行为为自身谋取额外利益。当企业想要取得 IPO 发行资格、提高 IPO 发行价格、取得增发配股资格以及面临亏损或摘牌退市风险时，管理层会进行盈余管理（吴联生等，2007；薄仙慧等，2009）；当企业实际经营无法达到预期时，管理层为维护自身言行一致的形象，也可能会通过盈余管理来实现预期盈利目标（何威风等，2011）。从企业投资者的角度进行研究发现，投资者最关注的企业社会责任的表现是提高财务报告的透明度。如若确实如此，那么，对社会负责的企业会致力于通过履行社会责任来满足利益相关者的道德期望，这必将限制企业的盈余管理行为，从而带来企业盈余质量的提升，由此，企业将可以为投资者提供更加透明可靠的财务信息。然而，如果管理者仅是为了掩盖和转移公众对其盈余操纵行为的关注，出于投机目的“工具性”地履行企业社会责任（Friedman，1970），那么，他们可能误导企业利益相关者对企业价值和财务业绩的认知，致使利益相关者们做出错误的决策。因此，从盈余质量的视角出发，研究其对履行企业社会责任的影响，这将有助于深入剖析中国上市公司履行社会责任的行为动机。

会计稳健性亦为企业会计信息质量要求的重要衡量指标（Ball et al.，2000），在会计稳健性较高的企业中其披露的会计信息质量也较高，相应地企业风险较低（赵刚等，2014）。在企业会计稳健性水平较低时，管理层基于机会主义行为倾向及委托—代理理论会考虑更多地履行社会责任，以此带来声誉效应，转移投资者对企业不确定性风险的关注（Hemingway and Maclagan，2004），管理层在追逐企业自身利益时，倾向于采用承担社会责任的行为来转移公众对企业会计信息披露中会计稳健性缺失等不妥行为的关注（Fritzche，1991），企业社会责任表现越好，其在应计盈余管理中越激进，企业的会计稳健性水平亦相对越低（Chih et al.，2008）。

因此，在本章接下来的研究中，将从企业会计信息质量的角度出发，分别基于盈余质量和会计稳健性这两个研究视角，通过理论推演和实证分析方法的结合，深入探讨企业履行社会责任可能的行为动机，为下面研究企业社会责任经济后果奠定必要的逻辑基础。

第二节　盈余质量视角的企业社会责任行为动机研究

自从图佐利诺和阿曼德（Tuzzolino and Armandi，1981）在著名的马斯诺需求层次理论基础上，构建了社会责任需求模型、探寻企业承担社会责任的动机以来，国内外学术界对于企业履行社会责任的动机研究主要有两大流派——价值增值的战略动机和管理层机会主义动机①，且至今仍未达成一致的结论。其中，价值增值战略动机的支持者们认为，企业履行社会责任有助于提升企业战略地位，获取声誉资本，并最终给企业带来长期的良性发展及稳定的业绩提升（Godfrey，2005；Porter and Kramer，2006；温素彬和方苑，2008）。而亦有学者基于代理理论框架提出管理层机会主义动机，认为企业管理层履行社会责任有助于增加个人声誉、提升社会地位，同时也会对其个人未来的发展有利（Atkinson and Galaskiewicz，1988；Galaskiewicz，1997），甚至认为管理层会通过履行社会责任来掩盖或转移公众对企业其他不当行为的关注，降低企业的声誉损失（Koehn and Ueng，2010；高勇强等，2012）。然而，现有文献并未通过实证研究为管理层机会主义行为动机提供可靠的经验证据支持，这成为当前国内外学术界、实务界以及政府监管机构共同关心的问题。

本节实证研究发现：企业盈余质量对社会责任产生显著负向影响。笔者认为，上述研究结果可以归因于机会主义行为倾向假设及委托—代理理论框架下的管理层私利动机，即在盈余质量较低的情况下，企业管理层倾向于通过履行社会责任，在一定程度上掩盖或转移公众对企业盈余操纵等不当行为的关注。

一、文献回顾与研究假设

根据利益相关者理论和企业财务管理目标可知，管理层应在满足利益相关者需求的基础上增加股东财富。卡罗尔（Carroll，1979；1991）指出，企业社会责任包含：盈利的经济责任；遵纪守法的法律责任；行事正确、公正公平的道德责任以及通过为社会、文化及教育事业做出贡献的慈善责任。其中，第一个维度是盈利的经济责任（盈利即增加股东财富），这构成了企业通过提高员工、顾客和社区生活质量在内的对社会负责的承诺基础（即为其他利益相关者的利益服务）。中国企业家调查系统于2007年对4586位企业经营者所做的专题调查报告显示，中国企业经营者普遍高度认同履行经济、法律、伦理、公益四个方面社会责任的重要意义，认识到履行社会责任有利于企业自身的持续发展。此后，欧洲委员会（Council of Europe）② 于2011年赋予企业社会责任以新的内涵，该委员

① 企业社会责任的履行还可能出于一些非经济动机的考虑，主要包括道德伦理动机（Campbell et al.，1999；李伟阳和肖红军，2011）和政治动机（Sánchez，2000；贾明和张喆，2010；梁建等，2010）。

② 欧洲委员会（Council of Europe），1949年5月5日成立于英国伦敦，原为西欧10国组成的政治性组织，现在共有46个成员国，5个部长委员会观察员国（梵蒂冈、加拿大、美国、日本和墨西哥）以及3个议会观察员国（加拿大、墨西哥和以色列）。其宗旨是保护人权、民主和法治；促进实现欧洲文化的统一性（http：//www. coe. int/en/web/portal/home）。

会将企业社会责任定义为“企业对其给社会产生的影响所承担的责任。对适用法规和社会参与者间的集体协议的尊重是履行责任的先决条件。为了充分履行企业社会责任，企业应该具备将社会、环境、道德、人权和消费者关心的问题同经营活动相整合的流程，并具备和其利益相关者密切协作的核心战略，这个战略的目标是使企业的所有者/股东及其他利益相关者和整个社会的共享价值的创造性最大化。”上述定义都认同股东财富创造是企业进行社会责任活动的基础，因此有大量研究都在探究企业财务业绩与社会责任之间的关系，且大多支持两者间存在正相关关系的结论（Ruf et al.，2001；沈洪涛，2008），然而，由于反映财务业绩的指标一般是通过会计报表数据计算得到的，而应计制（即权责发生制）记账基础下的会计数据存在操纵空间，因此，对财务业绩和企业社会责任之间正向关系的研究也并不能完全证实企业社会责任的改善源于企业真实业绩的提高。

基于此，学术界对于企业履行社会责任的动机进行了大量的研究，但至今未达成一致的结论。两种对立的观点中，支持道德假说的学者们认为，企业承担社会责任，源于自身的慈善行为，出于对社会风险管理的需求及对综合目标的平衡，考虑对最大化社会福利的贡献等（李伟阳和肖红军，2011）。而支持利益假说的学者们则认为，企业管理层追逐自身利益或组织的经济利己主义时，道德准则可能仅仅只是弄虚作假的烟雾弹（Fritzsche，1991），企业可能通过慈善来掩盖或转移公众对企业其他不当行为的关注，从而降低企业的声誉损失。

如果将企业家或者企业看作道德主体，则企业履行社会责任更可能是源于企业家或者企业的纯粹道德良知①。企业社会责任道德理论指出，企业必须将社会责任作为一种道德约束（Phillips et al.，2003），这要求履行社会责任的企业必须关注所有利益相关者的合法权益和指导性的道德准则。同时，企业社会责任活动被视为一种建立和维持声誉的途径，如果一个企业看重它的声誉，那么保护这一声誉的意愿可以抑制企业及其管理层参与不被社会接受的活动（Linthicum et al.，2010）。因此，管理层可能基于加强企业声誉的战略动机履行企业社会责任，并通过限制盈余管理来降低对企业声誉的潜在损害（Kim et al.，2012）。同社会责任履行情况不佳的企业相比，社会责任履行情况较好的企业有着可预测性更高、更加持续和平稳的收入（Laksmana and Yang，2009）。基于美国数据的研究发现，对社会越负责的企业应计质量越高，且从事真实盈余管理的可能性越低（Hong

① 这一观点最早可以追溯到巴尔达奇（Baldacci，1340）：“每一个诚实守信的商人都是正直的，他们目光长远，言出必行，诚信销售，计算总是准确无误。”

and Andersen，2011）。此外，根据詹森和梅克林（Jensen and Meckling，1976）提出的代理理论，委托人（股东）与代理人（管理层）之间存在利益冲突。基于利益相关者理论对委托—代理理论进行扩展，则委托人可能是社会或政府等利益相关者，在这种情形下，对企业社会责任的履行可以降低两权分离所带来的利益冲突和代理成本、缓解可能产生的信息不对称。上述理论均支持盈余质量与企业社会责任之间存在正向影响关系的假设，这一关系也与金教授研究团队2012年的研究结论一致。

国内亦有学者对此问题展开研究。其中，朱松（2011）发现企业社会责任表现越好，市场评价越高，会计盈余的信息含量也越高。钟向东和樊行健（2011）通过研究发现，企业履行社会责任能抑制盈余管理。此外，邓学衷等（2011）亦通过实证分析发现企业盈余管理会对社会责任产生显著的负向影响。

综上所述，如果管理者秉承“公心”——基于利益相关者价值最大化目标，出于建立和维护声誉、提高财务业绩的战略动机或者出于道德约束的利他动机来履行社会责任，本节将观察到盈余质量与企业社会责任之间的正向影响关系。因此，提出如下假设。

H3 -2 -1a：企业盈余质量与社会责任间存在正向影响关系。

然而，新制度经济学人类行为假设之一的有限理性假设认为，现实生活中的决策者是介于完全理性与非理性之间的“有限理性”的“管理人”，个体的理性被信息、时间或认知能力等约束条件所限制（Simon，1961）。企业社会责任的工具理论（Friedman，1970）将企业社会责任视为增加股东价值的一种工具，并指出任何提倡的社会活动只有在能够带来股东财富增加时才会被接受（Mackey et al.，2007）。盈余质量低的企业管理者可能通过“信息超载（information overload）”的方式（Agnew and Szykman，2005），借助履行企业社会责任行为所带来的声誉效应掩盖其所做的盈余操纵及其他不当行为，转移公众的视线（Hemingway and Maclagan，2004）。因此，社会责任的履行很可能与管理者追逐自身利益有关联（McWilliams et al.，2006）。如果管理者出于投机动机履行社会责任，那么他们可能误导利益相关者对企业价值和财务业绩的认知。

基于此，学者们展开了大量的研究，研究发现，管理层追逐自身利益或组织的经济利己主义时，道德准则可能仅仅只是弄虚作假的烟雾弹，管理层会通过履行社会责任来掩盖企业经营管理中存在的不当行为（Fritzsche，1991）。财务报告中利润略大于0的企业会更倾向于履行慈善活动（如资助慈善基金会），这表明企业为了达到特定阈值（如利润0点）、避免亏损时会有动机进行盈余操纵，同时战略性地运用企业慈善项目来加以掩饰（Petrovits，2006）。普廖尔等（Prior et al.，2008）以26个国家的593家企业作为研究样本，从SiRi proTM数据库中选择企业社会责任的代理变量，使用业绩调整的修正琼斯（Jones）模型来衡量盈余管理，研究企业是否会使用企业社会责任从战略上来隐瞒盈余管理，最终发现盈余管理与企业社会责任之间存在正向影响关系。此后，从FTSE全球指数数据库中选取46个国家的1653家企业作为研究样本的研究发现，更好履行社会责任的企业在应计盈余管理中更为激进（Chih et al.，2008）；企业可能将参与社会责任作为维持声誉的一种手段，通过履行和披露社会责任为企业营造出一种透明的形象，以获取企业进行盈余管理的“通行证”，从而“躲”在貌似透明的社会形象背后进行盈余管理（Kim et al.，2012），这一动机在某种程度上与普廖尔等（Prior et al.，2008）的研究结论一致，即企业基于机会主义，在从事盈余管理行为之后，会试图通过履行和披露企业社会责任来掩盖它们的盈余操控行为。高勇强等（2012）基于中国民营企业调查数据的研究发现，企业可能会利用慈善捐赠来掩盖或转移外界对员工薪酬福利水平低、环境污染严重等问题的关注。此外，通过在代理理论的框架下关注管理者投机行为的研究发现，基于对自身职业生涯或个人名声的考虑，管理层可能也会更多地履行企业社会责任（Petrovits，2006；Prior et al.，2008），这些投机取巧的动机和我们对“诚实守信的商人”的理解相反。

综上所述，如果管理者更多的是出于“私利”考虑，基于掩盖或转移公众对企业不当行为关注的动机来履行社会责任，将观察到盈余质量与企业社会责任之间的负向影响关系。基于此，提出与上一个假设存在竞争性的假设。

H3－2－1b：企业盈余质量与社会责任间存在负向影响关系。

二、研究设计

（一）样本选择与数据来源

以沪深两市2005～2019年A股上市公司作为初选样本。相关数据均来自深圳国泰安信息技术有限公司设计开发的CSMAR数据库。对于初始样本数据，进行如下的处理：（1）剔除金融业上市公司；（2）剔除ST、PT等财务状况异常的上市公司；（3）只保留发行A股的上市公司；（4）剔除财务指标异常的上市公司；（5）剔除存在数据缺失的上市公司。据此筛选，得25736个有效的公司/年度样本观测值。此外，为了控制异常值对研究结论的影响，对模型中涉及的所有连续型变量进行了上下1%的缩尾处理，即Winsorize。

（二）变量的选择和度量

1. 被解释变量——企业社会责任的度量。

借鉴沈洪涛等（2011）的做法，选用上海证券交易所2008年5月发布的《关于加强上市公司社会责任承担工作的通知》中涉及的每股社会贡献值来衡量企业的社会责任表现。其具体计算公式为：

每股社会贡献值 =（净利润 + 所得税费用 + 营业税金及附加 + 支付给职工以及为职工支付的现金 + 本期应付职工薪酬 - 上期应付职工薪酬 + 财务费用 + 捐赠）/期初和期末总股数的平均值

2. 解释变量——盈余质量的度量。

（1）修正琼斯模型（Dechow et al.，1995）。

现存最常用到的研究盈余管理的方法就是通过横截面修正琼斯模型来估计可操控应计利润。具体来说，首先使用模型（3.1）分行业—年度回归：

$$\frac{TACC_{j,t}}{TA_{j,t-1}} = \alpha + \beta_1 \frac{1}{TA_{j,t-1}} + \beta_2 \frac{\Delta REV_{j,t}}{TA_{j,t-1}} + \beta_3 \frac{PPE_{j,t}}{TA_{j,t-1}} + \varepsilon_{j,t} \quad (3.1)$$

在模型（3.1）中，$TACC_{j,t}$是j公司在第t年的总应计利润，为净利润减去经营活动现金流量；$TA_{j,t-1}$是j公司在第t-1年期末总资产；$\Delta REV_{j,t}$是j公司在第t年主营业务收入的变动值；$PPE_{j,t}$是j公司在第t年末的固定资产总额。此外，该模型在传统估计方程里加入常数项，有利于消除异方差及缓和模型缺乏规模变量而引起的计量偏误。

将模型（3.1）的估计系数，代入模型（3.2）计算j公司第t年的可操控应计利润：

$$DA_{j,t} = \frac{TACC_{j,t}}{TA_{j,t-1}} - \left(\hat{\alpha} + \hat{\beta}_1 \frac{1}{TA_{j,t-1}} + \hat{\beta}_2 \frac{\Delta REV_{j,t} - \Delta REC_{j,t}}{TA_{j,t-1}} + \hat{\beta}_3 \frac{PPE_{j,t}}{TA_{j,t-1}}\right) \quad (3.2)$$

在模型（3.2）中，$DA_{j,t}$是j公司在第t年的可操控应计利润，$\Delta REC_{j,t}$是j公司在第t年应收账款的变动，$\hat{\alpha}$，$\hat{\beta}_1$，$\hat{\beta}_2$，$\hat{\beta}_3$是模型（3.1）的估计系数。

由于盈余管理可能存在向上或向下的不同策略，为了综合考虑企业对盈余的操纵情况。本节对$DA_{j,t}$取绝对值后作为盈余质量的第一个代理变量DA1。由于DA1反映的是企业对盈余进行操纵的程度，所以取其绝对值作为盈余质量代理变量时，数值越小说明盈余质量越好。

（2）修正琼斯模型的改进（Kothari et al.，2005）。

在琼斯模型下，企业的极端绩效会对计算结果产生显著的影响。为克服这种现象，同时增加盈余管理研究的可信度，科萨里等（Kothari et al.，2005）将公

司的绩效代入琼斯模型的估计过程中，提出两个改进的模型，其中之一为业绩调整的修正琼斯模型，即模型（3.3）

$$\frac{TACC_{j,t}}{TA_{j,t-1}} = \alpha + \beta_1 \frac{1}{TA_{j,t-1}} + \beta_2 \frac{\Delta REV_{j,t} - \Delta REC_{j,t}}{TA_{j,t-1}} + \beta_3 \frac{PPE_{j,t}}{TA_{j,t-1}} + \beta_4 ROA_{j,t-1} + \varepsilon_{j,t} \tag{3.3}$$

在模型（3.1）的基础上，加入 $ROA_{j,t-1}$ 作为业绩的替代变量；同时，在销售额变动的基础上扣除应收账款的变动，得到模型（3.3）。其中，$ROA_{j,t-1}$ 是 j 公司在第 t－1 年的总资产收益率。与本节中计算 DA1 的方法一致，对模型（3.3）分行业—年度回归的残差取绝对值，得到盈余质量的第二个代理变量 DA2。

此外科萨里等（Kothari et al.，2005）还提出另一个与业绩相关的修正琼斯模型，以控制业绩与企业应计之间的相关性，具体做法是，对于每个行业内的企业，按照总资产收益率排序并分组，然后为每一家企业选取总资产收益率最为接近的企业作为配对样本，采用模型（3.1）、模型（3.2）计算每家企业的 DA1，将企业与其配对样本的 DA1 相减（配对公司值为减数）作为该企业盈余质量的第三个代理变量 DA3。

综上所述，采用分行业—年度的横截面修正琼斯模型以及业绩调整和业绩配对的修正琼斯模型分别计算可操控应计利润，考虑到盈余管理可能存在向上或向下的不同策略，对计算得出的可操控应计利润取绝对值。上市公司盈余质量的衡量指标 DA1、DA2、DA3，均为指标数值越小，表明企业的盈余质量越好。

（3）盈余质量的另一种衡量指标——应计质量（Dechow and Dichev，2002）。

根据调整的德肖和迪切夫（Dechow and Dichev，2002）模型计算的盈余质量指标（DD）。这一指标广泛应用于财务报告质量的研究文献之中（Francis et al.，2005；Rajgopal and Venkatachalam，2011）。为计算该变量，首先分行业—年度回归如下模型，即模型（3.4）。

$$\frac{\Delta WC_{j,t}}{TA_{j,t-1}} = \alpha + \beta_1 \frac{CFO_{j,t-1}}{TA_{j,t-1}} + \beta_2 \frac{CFO_{j,t}}{TA_{j,t-1}} + \beta_3 \frac{CFO_{j,t+1}}{TA_{j,t-1}} + \beta_4 \frac{\Delta REV_{j,t}}{TA_{j,t-1}} + \beta_5 \frac{PPE_{j,t}}{TA_{j,t-1}} + \varepsilon_{j,t} \tag{3.4}$$

在模型（3.4）中，$\Delta WC_{j,t}$ 为 j 公司第 t 年营运资金的变动，具体地说，为应收账款、存货和其他资产的变动之和，减去应付账款和应交所得税的变动；$CFO_{j,t}$ 为 j 公司第 t 年经营性现金流量；$\Delta REV_{j,t}$ 为营业收入的变动；$PPE_{j,t}$ 为 j 公司第 t 年末的固定资产价值；$TA_{j,t-1}$为 j 公司第 t－1 年末总资产。

在对模型（3.4）分行业—年度回归后，得到各企业各年度的回归残差，根据第 t 年和之前四年的回归残差计算标准差，即得到企业第 t 年的应计质量指标。该指标数值越小则表示企业的应计盈余质量越好。

3. 控制变量。

在本节的回归模型中引入若干控制变量，以避免可能影响盈余质量和企业社会责任的遗漏变量的问题。首先，现有文献研究表明，企业规模和企业社会责任间存在相关关系，大规模的上市公司更有动机去强调它们对企业社会责任的承诺（Waddock and Graves，1997；Prior et al.，2008），因此，控制了企业规模（Size）。其次，研究表明企业社会责任和企业价值正相关（Choi and Jung，2008），具有高度道德承诺的企业市场价值更高，企业价值高的企业会承诺高水平的企业社会责任以保持它们在市场中的地位，因此控制了企业价值（TobinQ），并预测企业价值会对企业社会责任的履行产生正向影响。再其次，为了控制与杠杆作用相关的盈余管理动机以及杠杆作用对企业社会责任的潜在影响（Kim et al.，2012），控制了上市公司的资产负债率（Leverage）；而加入营业收入增长率（Salesgrowth）是为了控制企业增长机会对盈余质量和企业社会责任两者间关系的影响（Choi and Pae，2011）。此外，由于之前的研究发现企业在自身财务业绩不佳时更有可能进行盈余管理，企业倾向于通过盈余管理规避损失（Burgstahler and Dichev，1997），因此参照崔和裴（Choi and Pae，2011）的做法，在主回归模型中分别引入反映企业亏损情况的虚拟变量（LossD）和反映企业现金流情况的虚拟变量（NegcfoD）。最后，加入年度虚拟变量（Year）及行业虚拟变量（Industry）以分别控制年度及行业固定效应。

被解释变量、解释变量及控制变量的定义与度量见表 3－1。

表 3－1　　变量的定义与度量

变量	符号	变量名称及度量标准
被解释变量	CSR	企业社会责任表现，为经过标准化的每股社会贡献值
解释变量	DA1	修正琼斯模型计算的可操控应计利润当年数的绝对值
	DA2	业绩调整修正琼斯模型计算的可操控应计利润当年数的绝对值
	DA3	修正琼斯业绩配对模型计算的可操控应计利润当年数的绝对值
	DD	Dechow and Dichev（2002）模型计算的残差的标准差

续表

变量	符号	变量名称及度量标准
控制变量	Size	企业规模：总资产自然对数
	TobinQ	企业价值
	Leverage	资产负债率：总负债/总资产
	Salesgrowth	营业收入增长率 = 当年营业收入/（当年营业收入 - 上年营业收入）
	LossD	虚拟变量，当企业当年报告了亏损时取1，否则取0
	NegcfoD	虚拟变量，当企业当年经营性现金流量为负时取1，否则取0
	Year	年度虚拟变量
	Industry	行业虚拟变量：按照深圳证券交易所发布的上市公司行业分类来设置，其中制造业细分二级门类，因此，共有21个行业类别，为避免多重共线性，设置20个行业虚拟变量

（三）实证模型

参考崔和裴（Choi and Pae，2011）的模型，估计如下回归模型来检验盈余质量与企业社会责任之间关系：

$$CSR_{j,t} = \beta_0 + \beta_1 QA_{j,t} + \beta_2 Size_{j,t} + \beta_3 TobinQ_{j,t} + \beta_4 Leverage_{j,t} + \beta_5 Salesgrowth_{j,t} + \beta_6 LossD_{j,t} + \beta_7 NegcfoD_{j,t} + \sum Year + \sum Industry + \varepsilon_{j,t} \quad (3.5)$$

在模型（3.5）中，$CSR_{j,t}$为j公司第t年的社会责任表现；$QA_{j,t}$为j公司第t年的盈余质量，分别由DA1、DA2、DA3和DD来度量。H3-2-1a意味着$\beta_1<0$，即盈余操纵程度较小、盈余质量较好的企业，会更多地履行社会责任，这表明企业倾向于更多地从事社会责任活动以回报社会；而H3-2-1b意味着$\beta_1>0$，即盈余操纵程度较大、盈余质量较差的企业，会更多地履行社会责任，这表明企业履行社会责任的动机更可能是为了转移公众的视线，掩饰其对盈余所做的操控。

考虑到所使用样本数据为典型的短面板，因此，借鉴彼得森（Petersen，2009）的方法，在回归结果报告t值时，标准误均进行公司聚类调整。

三、实证结果及其分析

（一）单变量分析

1. 描述性统计。

变量描述性统计结果见表3-2，由表3-2可知：（1）企业社会责任表现

（CSR）的均值为1.094，中位数为0.861，但都与最大值5.791相去甚远。这符合预期，一方面，这表明当前半数以上的企业社会责任履行情况低于平均水平；另一方面，处理异常值时进行了99百分位的缩尾处理，但在样本中仍包含个别社会责任履行情况很好的企业，不过对于大多数企业来说，如此超高的企业社会责任值并不是普遍情况。（2）关于盈余质量的指标，在分别采用修正琼斯模型、业绩调整以及业绩配对的修正琼斯模型时，DA1、DA2、DA3的均值分别为0.104、0.097和0.143，此外，采用DD模型计算的盈余质量指标（DD）的均值为0.037，中位数0.030，最小值0，最大值0.633，除个别样本外，企业间总体变化不大。（3）在控制变量方面，企业规模变量（Size）的均值22.03，中位数21.91，这说明样本中企业规模基本符合正态分布；企业价值（TobinQ）变量在25百分位上的数值为1.208，大于1，这表明大多数企业的估值都高于其资产的账面价值；企业资产负债率（Leverage）的均值为0.465，中位数为0.471，这表明样本中半数以上企业的负债小于其所有者权益，企业偿债能力尚可；营业收入增长率（Salesgrowth）均值为0.201，在包含受到全球金融危机影响的2008年观察值的样本中，仍能有这样的结果，说明中国企业有着不错的成长性。

表3-2　　描述性统计

变量名称	观察值	均值	标准差	最小值	25分位数	中位数	75分位数	最大值
CSR	25736	1.094	1.015	-0.911	0.456	0.861	1.438	5.791
DA1	25736	0.104	0.158	0	0.033	0.071	0.131	7.498
DA2	25736	0.097	0.152	0	0.031	0.067	0.123	7.490
DA3	25736	0.143	0.204	0	0.044	0.098	0.181	7.184
DD	14368	0.037	0.032	0	0.018	0.030	0.047	0.633
Size	25736	22.03	1.234	17.39	21.17	21.91	22.76	28.25
TobinQ	25736	2.091	2.451	0.153	1.208	1.574	2.293	127.0
Leverage	25736	0.465	0.207	0.007	0.306	0.471	0.623	0.999
Salesgrowth	25736	0.201	0.555	-0.625	-0.024	0.112	0.278	4.464
LossD	25736	0.107	0.309	0	0	0	0	1
NegcfoD	25736	0.231	0.422	0	0	0	0	1

2. 单变量差异性检验。

按照企业社会责任表现（CSR）的中位数将样本分为两组，详见表3-3，其中一个样本组的CSR值小于其中位数（以下简称：组1），另一个样本组的CSR

值大于中位数（以下简称：组2）。在组1和组2中，分别计算盈余质量变量（DA1、DA2、DA3、DD）的均值，并对组间均值进行差异性检验，结果见表3-3。盈余质量变量（DA1、DA2、DD），在组1中的均值大于在组2中的均值，且其中DA1、DD指标的组间均值都在1%的统计水平上存在显著差异。考虑到不同变量在差异性检验中存在的不一致结果，将在后续的多元回归分析中予以进一步检验。

表3-3　　盈余质量指标的均值差异性检验

变量名称	组1	组2	差异值	T值
DA1	0.1075	0.0991	0.0084	3.6986***
DA2	0.0987	0.0957	0.003	1.4036
DA3	0.1415	0.1456	-0.0041	-1.4121
DD	0.0391	0.0356	0.0035	6.6810***

注：***、**、*分别表示在1%、5%、10%水平上显著。

3. 相关性分析。

主要变量间的相关系数分析结果见表3-4。从表3-4的分析结果来看，盈余管理程度的指标，无论是修正琼斯模型计算的可操控应计利润指标，还是DD模型计算的应计盈余值，都与企业社会责任指标（CSR）之间存在统计上的相关关系，在之后的多元回归分析中将引入控制变量，通过实证模型回归的方法进一步展开检验。此外，企业社会责任表现（CSR）与企业规模（Size）正向相关，这表明大规模的企业有更强的动机履行企业社会责任。

表3-4　　主要变量的相关性分析

变量名称	CSR	DA1	DA2	DA3	DD	Size	TobinQ
CSR	1						
DA1	-0.031***	1					
DA2	-0.004	0.947***	1				
DA3	0.009	0.655***	0.675***	1			
DD	-0.031***	0.257***	0.234***	0.149***	1		
Size	0.376***	-0.056***	-0.042***	-0.020***	-0.064***	1	
TobinQ	-0.084***	0.077***	0.082***	0.060***	0.120***	-0.277***	1

注：***表示在1%水平上显著。

除使用不同模型计算的三个可操控应计利润的指标（DA1、DA2、DA3）及采用DD模型计算的应计盈余值（DD）之间高度相关外，表中其他变量之间的相关系数绝对值基本都小于0.4，由此可知，变量间不存在严重多重共线性问题。

（二）盈余质量与企业社会责任

表3－5检验了企业盈余管理与企业社会责任之间的关系。在列（1）到列（3）中，分别采用修正琼斯模型及其相关衍生模型计算的指标作为关键解释变量，对模型进行回归分析。结果显示，回归后关键解释变量的系数分别在10%、5%和1%的水平上显著为正，这表明进行越多盈余管理的企业，其社会责任表现值（CSR）越高，由此，假设H3－2－1b得到验证。列（4）中采用DD模型计算的应计盈余值（DD）的系数亦在10%水平上显著。此外，企业规模（Size）的系数显著为正，这个结果与"政治成本假说"一致，即大规模企业有着更强的履行社会责任的动机，这些企业受到媒体和投资者更高的关注，因此，更为注重自身公众形象的塑造。企业价值（TobinQ）的系数在1%的统计水平上显著为正，崔和裴两位学者在2011年基于韩国的企业样本的研究表明，企业价值高的企业会致力于履行高水平的社会责任，以维系它们在市场中的领先地位。本节中的研究结论与这两位韩国学者的观点一致。

表3－5　　盈余质量与企业社会责任关系的检验结果

变量名称	(1) CSR	(2) CSR	(3) CSR	(4) CSR
DA1	0.090* (1.89)			
DA2		0.117** (2.30)		
DA3			0.097*** (2.67)	
DD				0.681* (1.71)
Size	0.384*** (18.21)	0.384*** (18.21)	0.384*** (18.19)	0.389*** (15.57)
TobinQ	0.028*** (3.86)	0.028*** (3.85)	0.028*** (3.87)	0.034*** (3.03)
Leverage	0.141* (1.83)	0.142* (1.84)	0.143* (1.85)	0.193** (2.08)
Salesgrowth	0.000*** (5.74)	0.000*** (5.73)	0.000*** (5.73)	0.000*** (6.36)

续表

变量名称	(1) CSR	(2) CSR	(3) CSR	(4) CSR
LossD	-0.893*** (-39.93)	-0.890*** (-39.70)	-0.889*** (-39.69)	-0.845*** (-31.83)
NegcfoD	-0.223*** (-12.34)	-0.223*** (-12.37)	-0.223*** (-12.35)	-0.228*** (-10.78)
常数项	-7.636*** (-17.60)	-7.637*** (-17.59)	-7.634*** (-17.59)	-7.854*** (-15.22)
年度	控制	控制	控制	控制
行业	控制	控制	控制	控制
公司聚类	控制	控制	控制	控制
观察值	19518	19518	19518	14278
R^2	0.331	0.331	0.331	0.323
Adj. R^2	0.330	0.330	0.330	0.321
F 值	87.939	87.703	88.128	65.625

注：括号内的数值为 t 值；***、**、* 分别表示在 1%、5%、10% 水平上显著。

总的来说，结果支持假设 H3-2-1b，即积极操纵盈余的企业会更多地履行社会责任以转移公众视线，掩盖其对公众不利的行为。

（三）稳健性检验

为了增强实证研究结果的可信度，在此做了如下的检验。

1. 交换被解释变量和解释变量。

构造了以企业社会责任指标为解释变量，盈余质量指标为被解释变量的回归模型。由于将解释变量和被解释变量转换有利于解决可能存在的测量误差（Choi and Pae，2011）。因此，参考金等（Kim et al.，2012）、洪和安德森（Hong and Andersen，2011）的做法构造如下模型（3.6）进行检验。

$$QA_{j,t} = \beta_0 + \beta_1 CSR_{j,t} + \beta_2 Size_{j,t} + \beta_3 TobinQ_{j,t} + \beta_4 Leverage_{j,t} + \beta_5 Salesgrowth_{j,t} + \beta_6 LossD_{j,t} + \beta_7 NegcfoD_{j,t} + \sum Year + \sum Industry + \varepsilon_{j,t} \quad (3.6)$$

表 3-6 的列（1）至列（3）分别呈现了以可操控应计利润值（DA1、DA2、DA3）作为被解释变量进行回归的结果，社会责任表现值（CSR）的回归系数在 5% 的水平上显著为正；列（4）给出了以应计盈余指标（DD）作为被解释变量回归的结果，社会责任表现值（CSR）的回归系数在 10% 的水平上显著为正。显然，逆向的回归结果证实了企业社会责任表现与盈余管理存在正向影响关系，即社会责任与盈余质量存在负向影响关系，这进一步支持了本节中假设 H3-2-1b。企

业价值（TobinQ）的回归系数在1%的统计水平上显著为正，即有着高市价的企业更倾向于进行盈余管理。企业规模（Size）的回归系数在1%的统计水平上显著为负，这表明了企业越大，盈余质量越好。

表3－6　稳健性检验1——交换被解释变量与解释变量的回归结果

变量名称	(1) DA1	(2) DA2	(3) DA3	(4) DD
CSR	0.003 ** (2.00)	0.004 ** (2.57)	0.006 ** (2.47)	0.001 * (1.74)
Size	－0.008 *** (－5.00)	－0.006 *** (－3.98)	－0.005 *** (－2.64)	－0.001 * (－1.83)
TobinQ	0.002 *** (3.78)	0.003 *** (4.05)	0.002 *** (2.69)	0.002 *** (5.20)
Leverage	0.007 (0.79)	－0.002 (－0.28)	－0.015 (－1.53)	0.006 * (1.70)
Salesgrowth	0.000 *** (11.19)	0.000 *** (12.46)	0.000 *** (12.33)	0.000 (1.59)
LossD	0.017 *** (4.98)	－0.014 *** (－4.37)	－0.018 *** (－4.26)	0.011 *** (8.96)
NegcfoD	0.023 *** (5.92)	0.026 *** (6.88)	0.026 *** (6.11)	0.006 *** (5.48)
常数项	0.245 *** (7.53)	0.206 *** (6.50)	0.229 *** (6.17)	0.045 *** (3.58)
年度	控制	控制	控制	控制
行业	控制	控制	控制	控制
公司聚类	控制	控制	控制	控制
观察值	19518	19518	19518	14278
R^2	0.032	0.034	0.036	0.069
Adj. R^2	0.030	0.032	0.035	0.066
F值	18.713	19.723	21.698	16.584

注：括号内的数值为t值；***、**、*分别表示在1%、5%、10%水平上显著。

2. 解释变量的选择。

为了减少盈余质量变量上的测量误差，在本节中分别使用了由修正琼斯模型及它的两个衍生模型、DD模型计算的四个反映应计盈余质量的指标，回归后得到一致的结果。在此，进一步采用基本琼斯模型及它的三个衍生模型①计算可操

① 基本琼斯模型的衍生模型包括：业绩调整基本琼斯模型、业绩配对基本琼斯模型以及前一期业绩配对的基本琼斯模型。

控应计利润指标，作为盈余质量的代理变量（分别用 DA4、DA5、DA6 及 DA7 表示）重新进行回归。结果见表 3－7，变量的回归系数及显著性水平并未发生实质性改变。

表 3－7　　稳健性检验 2——采用其他盈余质量指标的回归结果

变量名称	琼斯模型			
	(1) 基本	(2) 业绩调整	(3) 业绩配对	(4) 前期业绩配对
DA4	0.217*** (2.75)			
DA5		0.261*** (3.12)		
DA6			0.184*** (3.46)	
DA7				0.190*** (3.30)
Size	0.385*** (18.31)	0.385*** (18.27)	0.384*** (18.22)	0.392*** (17.55)
TobinQ	0.028*** (3.85)	0.028*** (3.85)	0.028*** (3.86)	0.032*** (3.80)
Leverage	0.140* (1.82)	0.142* (1.84)	0.143* (1.85)	0.186** (2.24)
Salesgrowth	0.000*** (5.68)	0.000*** (5.65)	0.000*** (5.64)	0.000*** (13.30)
LossD	－0.895*** (－39.92)	－0.889*** (－39.65)	－0.889*** (－39.71)	－0.884*** (－37.34)
NegcfoD	－0.225*** (－12.45)	－0.224*** (－12.39)	－0.223*** (－12.39)	－0.223*** (－11.72)
常数项	－7.667*** (－17.74)	－7.668*** (－17.69)	－7.654*** (－17.65)	－7.910*** (－17.16)
年度	控制	控制	控制	控制
行业	控制	控制	控制	控制
公司聚类	控制	控制	控制	控制
观察值	19518	19518	19518	17346
R^2	0.331	0.331	0.331	0.337
Adj. R^2	0.330	0.330	0.330	0.336
F 值	87.750	88.095	88.152	92.461

注：括号内的数值为 t 值；***、**、* 分别表示在 1%、5%、10% 水平上显著。

3. 变量标准化处理。

借鉴之前学者的做法（Laksmana and Yang，2009），将所有连续型变量减去其均值后除以标准差进行标准化处理。这样做是因为指标的单位不一致①。将标准化处理后的变量（即表 3－8 中带有“_s”后缀的变量）代入模型（3.5），替换原变量重新进行了回归，回归结果（见表 3－8）仍然与假设 H3－2－1b 保持一致，只是变量系数的大小不同而已。

表 3－8　　稳健性检验 3——变量标准化处理后的回归结果

变量名称	(1) CSR_s	(2) CSR_s	(3) CSR_s	(4) CSR_s
DA1_s	0.013 * (1.89)			
DA2_s		0.017 ** (2.30)		
DA3_s			0.018 *** (2.67)	
DD_s				0.021 * (1.71)
Size_s	0.466 *** (18.21)	0.466 *** (18.21)	0.466 *** (18.19)	0.472 *** (15.57)
TobinQ_s	0.068 *** (3.86)	0.068 *** (3.85)	0.069 *** (3.87)	0.084 *** (3.03)
Leverage_s	0.028 * (1.83)	0.028 * (1.84)	0.029 * (1.85)	0.039 ** (2.08)
Salesgrowth_s	0.160 *** (5.74)	0.160 *** (5.73)	0.160 *** (5.73)	0.163 *** (6.36)
LossD	-0.838 *** (-39.93)	-0.835 *** (-39.70)	-0.835 *** (-39.69)	-0.793 *** (-31.83)
NegcfoD	-0.209 *** (-12.34)	-0.210 *** (-12.37)	-0.209 *** (-12.35)	-0.214 *** (-10.78)
常数项	-0.251 *** (-4.09)	-0.251 *** (-4.09)	-0.251 *** (-4.11)	-0.312 *** (-4.72)
年度	控制	控制	控制	控制
行业	控制	控制	控制	控制
公司聚类	控制	控制	控制	控制

① 例如：财务指标的单位是元，而企业社会责任指标则是以比值形式存在的。

续表

变量名称	(1) CSR_s	(2) CSR_s	(3) CSR_s	(4) CSR_s
观察值	19518	19518	19518	14278
R^2	0.331	0.331	0.331	0.323
Adj. R^2	0.330	0.330	0.330	0.321
F 值	87.939	87.703	88.128	65.625

注：括号内的数值为 t 值；***、**、* 分别表示在 1%、5%、10% 水平上显著。

4. 样本期间的选择。

为了排除在盈余质量与企业社会责任关系中金融危机影响的可能性，从研究样本中排除 2008 年和 2009 年两年的观察值，并重新回归。结果与前面假设 H3－2－1b 保持一致，详见表 3－9。

表 3－9　　稳健性检验 4——剔除金融危机影响的回归结果

变量名称	(1) CSR	(2) CSR	(3) CSR	(4) CSR
DA1	0.080* (1.66)			
DA2		0.105** (2.06)		
DA3			0.088** (2.37)	
DD				0.660 (1.64)
Size	0.391*** (18.47)	0.391*** (18.46)	0.391*** (18.44)	0.398*** (15.93)
TobinQ	0.028*** (3.92)	0.027*** (3.91)	0.028*** (3.93)	0.033*** (3.07)
Leverage	0.122 (1.56)	0.123 (1.57)	0.124 (1.58)	0.167* (1.79)
Salesgrowth	0.000*** (5.87)	0.000*** (5.87)	0.000*** (5.86)	0.000*** (6.48)
LossD	－0.892*** (－37.95)	－0.890*** (－37.81)	－0.890*** (－37.77)	－0.839*** (－30.10)
NegcfoD	－0.217*** (－11.54)	－0.218*** (－11.57)	－0.218*** (－11.56)	－0.225*** (－10.14)

续表

变量名称	(1) CSR	(2) CSR	(3) CSR	(4) CSR
常数项	-7.784*** (-17.86)	-7.785*** (-17.85)	-7.783*** (-17.85)	-8.044*** (-15.61)
年度	控制	控制	控制	控制
行业	控制	控制	控制	控制
公司聚类	控制	控制	控制	控制
观察值	17669	17669	17669	12847
R^2	0.331	0.331	0.331	0.323
Adj. R^2	0.330	0.330	0.330	0.321
F 值	85.791	85.609	85.975	63.454

注：括号内的数值为 t 值；***、**、* 分别表示在 1%、5%、10% 水平上显著。

（四）内生性检验

由于企业自身特征可能会影响盈余管理程度，进而影响企业社会责任的履行。因此，为了克服样本自选择偏误导致的内生性问题，采用赫克曼（1979）两阶段回归法进行检验。具体做法如下。

第一阶段，参考之前学者的做法（Cohen and Zarowin，2010；于忠泊等，2011），主要考虑公司规模、财务业绩及成长性等特征对企业盈余管理行为的影响，使用 Probit 模型回归并估计逆米尔斯比率（inverse Mill's ratio，IMR）①。具体见模型（3.7）。

$$probit(QA\_dum_{j,t}) = \beta_0 + \beta_1 Size_{j,t} + \beta_2 MTB_{j,t} + \beta_3 ROA_{j,t} + \beta_4 Salesgrowth_{j,t} + \beta_5 Leverage_{j,t} + \sum Industry + \sum Year + \varepsilon_{j,t} \quad (3.7)$$

在模型（3.7）中，被解释变量 QA_dum 为虚拟变量，当企业盈余管理程度②大于行业年度中值时，该变量取 1，否则取 0。解释变量包括：公司规模（Size）、市账率（MTB）、总资产报酬率（ROA）、营业收入增长率（Salesgrowth）以及资产负债率（Leverage），同时，加入行业虚拟变量（Industry）及年度虚拟变量（Year）。

第二阶段，将 IMR 代入本节中模型（3.5）得如下模型（3.8），该模型可以修正由于自选择偏误所导致的内生性问题：

---

① IMR 的计算过程可参阅赫克曼（Heckman，1979）的研究。

② 盈余管理程度分别用文中 DA1、DA2、DA3 和 DD 变量来衡量。

$$CSR_{j,t} = \beta_0 + \beta_1 QA_{j,t} + \beta_2 Size_{j,t} + \beta_3 TobinQ_{j,t} + \beta_4 Leverage_{j,t} + \beta_5 Salesgrowth_{j,t} + \beta_6 LossD_{j,t} + \beta_7 NegcfoD_{j,t} + \beta_8 IMR + \sum Industry + \sum Year + \varepsilon_{j,t} \quad (3.8)$$

表3－10的Panel A部分报告了赫克曼（Heckman，1979）的第一阶段回归结果。从中可以看出，公司规模较小、市账率较高、资产负债率较高的上市公司更有可能进行盈余管理。表3－10的Panel B部分为赫克曼（1979）第二阶段回归结果，结果表明，控制了盈余管理的自选择偏差后，盈余管理仍然对企业社会责任存在显著的正向影响，这进一步验证了前面的研究假设H3－2－1b。此外，控制变量的符号和显著性水平也与前面主回归结果保持一致。

表3－10　　内生性检验的回归结果

Panel A：赫克曼（1979）第一阶段回归				
变量名称	(1) DA1_dum	(2) DA2_dum	(3) DA3_dum	(4) DD_dum
Size	−0.1489*** (−15.91)	−0.1251*** (−13.66)	−0.0744*** (−8.37)	−0.1565*** (−15.00)
MTB	0.0051*** (4.55)	0.0015** (2.34)	0.0005* (1.70)	0.0130*** (6.85)
ROA	−0.3137*** (−3.02)	1.1585*** (8.57)	0.7130*** (5.36)	−0.2709** (−1.99)
Salesgrowth	0.0007 (1.57)	0.0017 (1.59)	0.0006 (1.37)	0.0008 (1.59)
Leverage	0.3155*** (5.90)	0.2583*** (4.80)	0.1447*** (2.75)	0.3558*** (6.01)
常数项	3.0524*** (15.42)	2.5951*** (13.42)	1.6164*** (8.57)	3.5080*** (15.98)
年度	控制	控制	控制	控制
行业	控制	控制	控制	控制
观察值	21474	21474	21474	21441
Pseudo R^2	0.0197	0.0143	0.0087	0.0847
Panel B：赫克曼（1979）第二阶段回归				
变量名称	(1) CSR	(2) CSR	(3) CSR	(4) CSR
DA1	0.115** (2.47)			
DA2		0.003 (0.05)		
DA3			0.038 (1.08)	

续表

Panel B：赫克曼（1979）第二阶段回归				
变量名称	(1) CSR	(2) CSR	(3) CSR	(4) CSR
DD				0.814 ** (2.03)
Size	-0.543 *** (-3.75)	0.958 *** (17.82)	0.942 *** (18.77)	-0.078 (-0.82)
TobinQ	0.056 *** (5.74)	-0.004 (-0.78)	-0.005 (-0.73)	0.063 *** (3.02)
Leverage	2.395 *** (6.90)	-0.667 *** (-6.48)	-0.535 *** (-5.78)	1.385 *** (5.16)
Salesgrowth	0.001 *** (6.59)	-0.000 *** (-4.59)	-0.001 *** (-7.71)	0.000 *** (6.41)
LossD	-0.686 *** (-19.02)	-0.232 *** (-4.30)	-0.211 *** (-4.11)	-0.775 *** (-26.76)
NegcfoD	-0.191 *** (-10.84)	-0.144 *** (-8.31)	-0.142 *** (-8.28)	-0.216 *** (-10.37)
IMR	9.469 *** (6.31)	-8.310 *** (-11.89)	-13.875 *** (-12.74)	4.832 *** (4.82)
常数项	3.596 ** (2.04)	-13.320 *** (-20.62)	-9.198 *** (-21.65)	-1.372 (-1.05)
年度	控制	控制	控制	控制
行业	控制	控制	控制	控制
观察值	19517	19517	19517	14277
Adj. R^2	0.359	0.429	0.430	0.330

注：Panel A 括号内数值为 z 值；Panel B 括号内数值为 t 值；***、**、* 表示 1%、5%、10% 的显著性水平。

四、研究结论

现有研究企业社会责任行为动机的文献大多是基于美国及一些发达国家数据展开的，且多从企业社会责任的履行和披露角度研究其对盈余管理操纵行为的影响。由于国家层面的特征不同以及变量选择和模型设置方面的差异，关于该议题的研究截至目前尚未得到统一的结论。因此，本节基于中国沪深两市 A 股上市公司数据，从企业盈余质量的角度出发，深入探讨企业履行社会责任的可能动机，以此来为企业社会责任理论的研究提供更多来自新兴经济国家的证据和补充，构建符合新兴市场制度环境的企业社会责任理论框架。实证研究结果表明，企业可能出于管理层私利动机履行社会责任，如为了遮掩其对盈余所做的操纵。这意味着，管理层可能为了掩盖其对盈余所做的操纵，“工具性”地利用企业社会责任为自身利益服务。

该研究结论将会影响到公众对企业社会责任行为的整体认知，有助于政府的政策制定者和监管部门识别企业履行社会责任的动机，规范和监管企业管理层的行为，丰富了现有的关于企业盈余质量与企业社会责任之间关系的研究，有助于政府监管当局有的放矢地对企业进行监管和控制，同时也对企业社会责任报告强制实施外部审计的呼声给予了支持。

第三节 会计稳健性视角的企业社会责任行为动机研究

根据稳健性原则的要求，企业应及时确认损失和负债，而对于资产或收益则应等到真实发生时才予以确认（Basu，1997）。会计稳健性是重要的企业会计信息质量要求之一（Ball et al.，2000），在会计稳健性较高的企业中其披露的会计信息质量也较高，相应的企业风险亦较低（赵刚等，2014）。因此，本节拟在我国现行经济体制下，通过聚焦企业的会计稳健性，探讨会计稳健性对企业社会责任的影响情况，深入探讨企业履行社会责任的可能动机。

一、文献回顾与研究假设

卡罗尔（Carroll，1979；1991）给出了企业社会责任较为经典且得到普遍认可的定义：企业社会责任包含四方面责任，即最大化盈利的经济责任，遵纪守法的法律责任，行事正确、公正、公平的道德责任以及通过为社会、教育、娱乐或文化做出贡献而成为良好企业公民的慈善责任。

对于企业履行社会责任的动机，学术界展开了大量研究。社会责任工具论（Friedman，1970）认为，任何提倡的社会活动只有在能增加财富时才会被接受（McWilliams and Siegel，2001；Mackey et al.，2007），企业履行社会责任可能只是出于降低企业声誉损失的目的（Koehn and Ueng，2010；高勇强等，2012）。由于继续经营不利的项目，企业管理者可能面临减薪解雇的违约风险（Ball and Shivakumar，2005），而采取会计稳健性的做法能帮助企业及时确认损失，有效降低管理者遭遇道德风险的可能性（韩静等，2014）。研究表明，管理层追逐企业自身利益时，会采用企业社会责任来掩盖其在会计信息披露中的不妥行为（Fritzche，1991），如会计稳健性的缺失。由此可见，在企业会计稳健性水平较低时，管理层会倾向于更多地履行社会责任，以此带来声誉效应，转移投资者对企业不确定性风险的关注（Hemingway and Maclagan，2004）。通过分组对比回归研究表明，企业社会责任表现越好，其在应计盈余管理中越激进，企业的会计稳健性水平相对越低（Chih et al.，2008），而且为了掩盖或转移社会公众对企业财务报告信息质量的关注（Koehn and Ueng，2010），在社会责任监管体系不完善的时期，管理者更有可能将履行企业社会责任的行为视为一项管理工具，在企业会计稳健性较差时，通过更多地履行社会责任来达到声誉弥补的作用，以降低企业风险。基于此，提出如下假设。

H3-3-1a：会计稳健性与企业社会责任之间存在负向影响关系。

然而，社会责任道德假说则认为，企业履行社会责任，是因为企业期望成为良好的社会公民（李伟阳和肖红军，2011），同社会责任履行情况不佳的企业相比较，社会责任履行情况较好的企业有着可预测性更高、更加持续和平稳的收入（Laksmana and Yang，2009）。因此，从企业长远发展的角度来看，有着较强会计稳健性的企业更倾向于更多更好地履行企业社会责任。基于这样的观点，提出如下竞争性假设。

H3-3-1b：在相对较长的样本期间，会计稳健性与企业社会责任之间表现为正向影响关系。

二、研究设计

（一）样本选择与数据来源

本节的数据来自深圳国泰安（CSMAR）数据库。为了验证在短样本期和长样本期回归结果的差异，分别选择的样本期间为2010～2013年与2010～2019年，样本对象为中国沪深两市A股上市公司。借鉴相关学者的研究做法，本节对样本进行以下处理：（1）剔除金融业样本；（2）剔除ST、PT等存在财务异常的样本；（3）剔除变量数据缺失的样本。最终，2010～2013年样本期间得到6673个公司年度观测值，2010－2019年样本期间得到17000个公司年度观测值。此外，对回归过程中涉及的所有连续型变量进行5%和95%分位数上的缩尾处理。

（二）变量的选择和度量

1. 被解释变量——企业社会责任表现。

借鉴沈洪涛等（2011）、朱敏等（2014）的做法，从企业社会责任的不同维度选择指标，并将这些指标纳入一个公式中，全面考虑企业社会责任履行的总体水平，其中具体包括的维度有：政府、员工、社会、债权人等。

2. 解释变量——会计稳健性。

在会计稳健性的实证研究领域最有影响力的是巴苏（Basu，1997）的盈余报酬回归法，此后学者们在此基础上进一步研究，相继提出了针对稳健会计的其他衡量方法，其中，卡恩和瓦茨（Khan and Watts，2007）的研究能通过单一指标（Cscore值）来衡量单个公司每一年的会计稳健性水平，且在实证使用中可以得出与巴苏（1997）相同的结果，故在国内外实证会计领域被广泛采用。因此，参考卡恩和瓦茨（2007）的方法计算Cscore值来衡量公司的会计稳健性水平。具体做法为，首先估计以下年度横截面模型即模型（3.9）。

$$E_{i,t}/P_{i,t-1} = \beta_1 + \beta_2 D_{i,t} + R_{i,t}(\mu_1 + \mu_2 Size_{i,t} + \mu_3 MTB_{i,t} + \mu_4 Lev_{i,t}) + D_{i,t}R_{i,t}(\lambda_1 + \lambda_2 Size_{i,t} + \lambda_3 MTB_{i,t} + \lambda_4 Lev_{i,t}) + \delta_1 Size_{i,t} + \delta_3 MTB_{i,t} + \delta_4 Lev_{i,t} + \delta_4 D_{i,t} Size_{i,t} + \delta_5 D_{i,t} MTB_{i,t} + \delta_6 D_{i,t} Lev_{i,t} + \varepsilon_{i,t} \tag{3.9}$$

运用模型（3.9），采用分年度横截面数据回归的方法，估计出每年的λ_1、λ_2、λ_3与λ_4，再将各年的λ值与公司规模、市值账面比和资产负债率三个指标共同构造如下线性函数式（3.10），计算每家公司每年的会计稳健性指数（Cscore）：

$$Cscore = \lambda_1 + \lambda_2 Size_{i,t} + \lambda_3 MTB_{i,t} + \lambda_4 Lev_{i,t} \tag{3.10}$$

3. 控制变量。

参考现有的文献研究（Prior et al.，2008；Choi and Jung，2008；Choi and Pae，2011；Kim et al.，2012），在本节的回归模型中使用了若干控制变量，以避免可能影响会计稳健性和企业社会责任的遗漏变量问题。这些控制变量的定义和度量见表3－11。

表 3-11　　变量的定义与度量

变量	符号	变量名称与度量标准
被解释变量	CSR	企业社会责任
解释变量	Cscore	会计稳健性，根据卡恩和瓦茨（2007）模型计算
控制变量	Size	企业规模
	TobinQ	企业价值
	Lev	资产负债率
	SalesGrowth	营业收入增长率
	LossD	虚拟变量，企业当年报告了亏损时取 1，否则取 0
	NegcfoD	虚拟变量，企业当年经营性现金流量为负时取 1，否则取 0
	Year	年度虚拟变量
	Industry	行业虚拟变量

（三）实证模型

采用模型（3.11）来检验企业的会计稳健性水平与企业社会责任表现之间的关系：

$$CSR_{j,t} = \beta_0 + \beta_1 Cscore_{j,t} + \beta_2 Size_{j,t} + \beta_3 TobinQ_{j,t} + \beta_4 Lev_{j,t} + \beta_5 SalesGrowth_{j,t} + \beta_6 LossD_{j,t} + \beta_7 NegcfoD_{j,t} + \sum Year + \sum Industry + \varepsilon_{j,t} \quad (3.11)$$

在模型（3.11）中，被解释变量 $CSR_{j,t}$ 为 j 公司第 t 年的企业社会责任表现值；解释变量 $Cscore_{j,t}$ 为 j 公司第 t 年的会计稳健性水平，其余变量均为该实证模型的控制变量。

同时，考虑到样本数据具有典型的短面板特征，故在所有模型回归结果中报告 t 值时，均采用 Cluster 的稳健性标准误（Petersen，2009）。

三、实证结果及分析

（一）单变量分析

1. 描述性统计。

主要变量在 2010～2013 年及 2010～2019 年的变量描述性统计结果分别见表 3-12 和表 3-13。表 3-12 呈现了短样本 2010～2013 年间主要变量的情况，企业社会责任表现（CSR）的均值和中位数分别为 1.189 和 0.975，略微右偏；会计稳健性（Cscore）的均值为 0.250，中位数 0.125，与最大值 0.758 相差甚远，这表明在样本中确实包含少数会计稳健性较高的企业，但对于大多数企业而言，如此高水平的稳健性并不是常态；此外，在控制变量方面，企业规模（Size）的均值21.865，中位数21.745，这说明样本企业的规模基本服从正态分布；资产负债率（Lev）的均值0.443，中位数为0.451，这表明在样本中半数以上的企业负债小于其所有者权益，企业长期偿债能力尚可。

表3-12　描述性统计（2010~2013年）

变量名称	观测值	均值	标准差	最小值	25分位数	中位数	75分位数	最大值
CSR	6673	1.189	0.832	0.174	0.584	0.975	1.569	3.316
Cscore	6673	0.250	0.263	-0.040	0.026	0.125	0.470	0.758
Size	6673	21.865	1.049	20.260	21.030	21.745	22.584	24.068
TobinQ	6673	1.774	0.767	1.014	1.212	1.500	2.086	3.803
Lev	6673	0.443	0.209	0.080	0.273	0.451	0.615	0.786
SalesGrowth	6673	0.173	0.252	-0.231	0.006	0.138	0.302	0.779
LossD	6673	0.072	0.259	0.000	0.000	0.000	0.000	1.000
NegcfoD	6673	0.262	0.440	0.000	0.000	0.000	1.000	1.000

表3-13呈现了拓展样本期后在2010~2019年间主要变量的描述性统计情况，从表3-13来看，企业社会责任表现（CSR）、会计稳健性（Cscore）及其他控制变量的描述性统计结果与表3-12基本保持一致。

表3-13　描述性统计（2010~2019年）

变量名称	观测值	均值	标准差	最小值	25分位数	中位数	75分位数	最大值
CSR	17000	1.218	0.872	0.088	0.580	0.987	1.624	3.440
Cscore	17000	0.069	0.175	-0.167	-0.027	0.027	0.106	0.477
Size	17000	22.06	1.104	20.28	21.21	21.94	22.80	24.35
TobinQ	17000	1.980	0.977	1.009	1.263	1.640	2.364	4.648
Lev	17000	0.431	0.202	0.099	0.264	0.426	0.591	0.800
SalesGrowth	17000	0.174	0.271	-0.272	0.003	0.129	0.295	0.862
LossD	17000	0.035	0.183	0.000	0.000	0.000	0.000	1.000
NegcfoD	17000	0.230	0.421	0.000	0.000	0.000	1.000	1.000

2. 相关性分析。

主要变量的相关性系数分析结果分别见表3-14和表3-15。无论是在表3-14还是在表3-15中，会计稳健性（Cscore）与企业社会责任表现（CSR）

之间呈正相关关系，但这仅是两变量间的相关性分析，并未加入其他控制变量，因此尚需进一步通过回归分析来检验变量间关系；此外，控制变量与企业社会责任表现（CSR）间存在显著的相关性。表中各变量之间的相关系数基本都在 0.4 以下，这表明变量间不存在严重的多重共线性问题。

表 3－14　　　　主要变量相关性分析（2010～2013 年）

变量名称	CSR	Cscore	Size	TobinQ	Lev	SalesGrowth	LossD	NegcfoD
CSR	1							
Cscore	0.030 ***	1						
Size	0.384 ***	0.299 ***	1					
TobinQ	－0.118 ***	－0.224 ***	－0.400 ***	1				
Lev	0.158 ***	0.187 ***	0.583 ***	－0.224 ***	1			
SalesGrowth	0.247 ***	－0.151 ***	0.070 ***	0.097 ***	0.068 ***	1		
LossD	－0.250 ***	0.070 ***	－0.024 **	0.018	0.163 ***	－0.194 ***	1	
NegcfoD	－0.123 ***	－0.029 **	－0.001	－0.085 ***	0.102 ***	－0.006	0.107 ***	1

注：***、**、* 表示 1%、5%、10% 水平上的统计显著。

表 3－15　　　　主要变量相关性分析（2010～2019 年）

变量名称	CSR	Cscore	Size	TobinQ	Lev	SalesGrowth	LossD	NegcfoD
CSR	1							
Cscore	0.019 ***	1						
Size	0.333 ***	0.125 ***	1					
TobinQ	－0.199 ***	－0.121 ***	－0.459 ***	1				
Lev	0.127 ***	0.109 ***	0.535 ***	－0.275 ***	1			
SalesGrowth	0.207 ***	－0.032 ***	0.052 ***	0.0110	0.031 ***	1		
LossD	－0.299 ***	0.117 ***	－0.036 ***	0.047 ***	0.183 ***	－0.212 ***	1	
NegcfoD	－0.149 ***	0.018 **	－0.031 ***	－0.020 ***	0.132 ***	0.00400	0.142 ***	1

注：*** 表示在 1% 水平上的统计显著。

（二）回归结果分析

采用模型（3.11）回归检验 2010～2013 年与 2010～2019 年两个样本期间企业中会计稳健性与社会责任表现间的关系，模型回归结果见表 3－16 的列（1）和列（2）。从列（1）来看，会计稳健性（Cscore）的估计系数显著为负，$t_{0.01}$ = －3.38，这表明，在短期内，会计稳健性与企业社会责任表现间存在负相关关系，假设 H3－3－1a 得以验证。而从列（2）来看，会计稳健性（Cscore）的估计系数显著为正，$t_{0.05}=2.43$，这表明从长期来看，会计稳健性与社会责任间呈现正相关关系，假设 H3－3－1b 得以验证。

此外，表 3－16 的回归结果还显示，各控制变量的回归结果均与前面相关性分析结果一致，其中公司规模（Size）回归系数显著为正，这表明规模大的公司更注重企业形象的塑造，因此更倾向于履行企业社会责任；公司价值（TobinQ）的系数为正，这意味着公司价值高的企业倾向于承担更多的社会责任。

表 3－16　　假设 H3－3－1a 与假设 H3－3－1b 的回归结果

变量名称	(1)	(2)
	2010～2013 年	2010～2019 年
Cscore	－0.138*** (－3.38)	0.137** (2.43)
Size	0.359*** (17.84)	0.322*** (18.71)
TobinQ	0.071*** (3.57)	0.023* (1.66)
Lev	0.034 (0.39)	0.138** (1.97)
SalesGrowth	0.568*** (13.64)	0.441*** (16.80)
LossD	－0.627*** (－19.94)	－0.671*** (－24.21)
NegcfoD	－0.172*** (－7.42)	－0.236*** (－13.55)
常数项	－7.109*** (－16.23)	－6.242*** (－16.31)
年度	控制	控制
行业	控制	控制
公司聚类	控制	控制
观察值	6673	17220
R^2	0.330	0.259
Adj. R^2	0.327	0.257

注：括号内的数值为 t 值；***、**、* 分别表示在 1%、5%、10% 水平上显著。

（三）进一步研究

1. 企业所有权性质的影响。

在我国，上市公司很大一部分由国家控股（孙光国和赵健宇，2014）。国有企业与非国有企业的会计稳健性水平对企业社会责任的影响，可能因为以下两点原因产生差异。第一，国有企业的控股股东是国家，企业在决策过程中要充分考虑保障就业、维持社会稳定等非经济目标的实现，在履行社会责任时会更多地基于政治动机的考虑（朱敏等，2014）。然而，与国有企业相比，非国有企业更有可能基于经济动机履行社会责任，其财务管理目标更倾向于股东财富最大化，此时的社会责任行为可以被视为“战略慈善”（辛宇和左乃健，2012）。第二，国有企业存在债务软约束问题。银行对国企的债务监管十分有限，致使其提供稳健会计信息的动力不足。而对于非国有企业而言，作为债权人的银行会要求企业提供稳健的会计信息以降低信贷风险，而在会计稳健性水平难以达到要求时，企业会考虑通过其他途径来降低经营风险和信贷风险，其中，尽可能地履行社会责任以提高企业声誉就是方法之一。然而，这种机会主义行为动机下两者间关系往往只能在短期内存在，从长期来看，稳健经营的企业，社会责任表现应该更好。基于此，提出本节的第二组假设。

H3－3－2a：短期来看，相对于国有企业，非国有企业会计稳健性对社会责任的负向影响更为显著。

H3－3－2b：长期来看，相对于国有企业，非国有企业会计稳健性对社会责任的正向影响更为显著。

为了检验上述假设，使用企业的实际控制人性质是否国有来衡量其股权性质，即设置股权性质分组虚拟变量（Soe），如果样本公司的实际控制权为国有，则该变量取值为1，否则为0。据此将样本企业进行分组。

表3－17的列（1）和列（2）对2010～2013年样本期数据进行回归分析，得出的检验结果印证了假设H3－3－2a。其中，列（1）为国有企业分样本的回归结果，Cscore的估计系数为负但不显著；列（2）为非国有企业的样本回归情况，Cscore的估计系数显著为负，这说明在较短样本期中，非国有企业的样本中会计稳健性与企业社会责任间表现为显著的负向影响关系。

表3－17　　企业所有权性质的影响效应

变量名称	2010～2013年		2010～2019年	
	国有 (1)	非国有 (2)	国有 (3)	非国有 (4)
Cscore	－0.088 (－1.34)	－0.217*** (－3.77)	0.005 (0.06)	0.226*** (3.09)
Size	0.360*** (11.63)	0.366*** (14.58)	0.381*** (13.37)	0.272*** (12.87)

续表

变量名称	2010～2013 年		2010～2019 年	
	国有 （1）	非国有 （2）	国有 （3）	非国有 （4）
TobinQ	0.163*** （4.37）	0.032 （1.41）	0.094*** （3.30）	-0.003 （-0.17）
Lev	0.515*** （3.48）	-0.297*** （-3.04）	0.347** （2.58）	-0.013 （-0.17）
SalesGrowth	0.537*** （8.17）	0.609*** （11.71）	0.456*** （10.45）	0.486*** （15.20）
LossD	-0.738*** （-14.27）	-0.527*** （-14.53）	-0.763*** （-16.96）	-0.581*** （-18.65）
NegcfoD	-0.171*** （-4.66）	-0.169*** （-5.90）	-0.227*** （-7.52）	-0.234*** （-11.28）
常数项	-7.594*** （-11.14）	-7.018*** （-12.64）	-7.868*** （-12.37）	-4.985*** （-10.50）
年度	控制	控制	控制	控制
行业	控制	控制	控制	控制
公司聚类	控制	控制	控制	控制
观察值	2815	3858	6687	10533
R^2	0.351	0.320	0.307	0.225
Adj. R^2	0.345	0.315	0.304	0.223

注：括号内的数值为 t 值；***、**、*分别表示在 1%、5%、10%水平上显著。

表 3-17 的列（3）和列（4）对 2010～2019 年样本期数据进行回归分析，得出的检验结果印证了假设 H3-3-2b。其中，列（3）为国有企业分样本的回归结果，Cscore 的估计系数为正但不显著；列（4）为非国有企业的样本回归情况，Cscore 的估计系数显著为正，这说明在较长样本期中，非国有企业的样本中会计稳健性与企业社会责任间表现为显著的正向影响关系。

由此可见，在股权性质不同的情况下，会计稳健性与企业社会责任之间的影响关系存在差异，而这种关系的正负性在样本期间不同时会有所不同。

2. 企业股权结构的影响。

我国资本市场尚未达到半强势有效，大股东对企业的发展存在很大的干预和控制。股权结构的衡量指标即股权集中度可以用来度量公司治理的效率，在股权分散的企业中，广大中小股东难以对管理层进行有效的制衡和监管，管理层更可能出于“工具性”动机的考虑，通过履行企业社会责任来转移公众对企业会计稳健性水平及财务报告信息质量的关注。此外，由于会计稳健性水平较差所导致的财务报告信息质量较低的问题，在股权分散的情况下，对公司股价造成潜在压力，然而这种压力分散到广大中小股东，却并不会直接给中小股东带来致命威胁（朱敏等，2014）。从博弈论的角度来看，中小股东更有可能“用脚投票”，在利益诱惑面前默许企业管理层在降低会计稳健性及对企业社会责任的“工具性”运用之间寻求平衡。然而，这种短视的机会主义行为必定不能长久，从长期来看，稳健经营的企业，社会责任表现应该更好。基于此，提出本节的第三组假设。

H3-3-3a：短期来看，相对于股权集中型企业，股权分散型企业的会计稳健性对社会责任的负向影响更为显著。

H3-3-3b：长期来看，相对于股权集中型企业，股权分散型企业的会计稳健性对社会责任的正向影响更为显著。

为了检验上述假设，使用赫芬达尔指数（Herfindhl index）来衡量企业股权集中度。在这部分的假设检验中主要使用 HHI10（前 10 大股东持股比例的平方和）的均值来对样本进行分组回归。

表 3-18 的列（1）和列（2）采用股权集中度指标 HHI10 的均值对样本进行分组，通过模型（3.11）对 2010~2013 年样本期数据进行回归分析，得出的检验结果印证了假设 H3-3-3a。其中，列（1）为股权集中度高于均值的样本回归情况，Cscore 的估计系数为负但不显著，这说明会计稳健性与企业社会责任间的负相关关系在股权集中的样本公司中表现得并不显著；列（2）为股权集中度低于均值的样本回归情况，Cscore 的估计系数显著为负，这说明在较短样本期中，股权较分散的样本企业中会计稳健性与企业社会责任间表现为显著的负向影响关系。

表 3-18　企业股权结构的影响效应

变量名称	2010~2013 年		2010~2019 年	
	股权集中 (1)	股权分散 (2)	股权集中 (3)	股权分散 (4)
Cscore	-0.082 (-1.39)	-0.168*** (-2.77)	0.052 (0.54)	0.148** (2.22)
Size	0.315*** (10.68)	0.391*** (14.59)	0.303*** (11.74)	0.327*** (15.11)
TobinQ	0.134*** (3.78)	0.046* (1.95)	0.048** (2.02)	0.019 (1.18)

续表

变量名称	2010～2013 年		2010～2019 年	
	股权集中 （1）	股权分散 （2）	股权集中 （3）	股权分散 （4）
Lev	0.045 (0.32)	0.003 (0.03)	0.104 (0.86)	0.188** (2.38)
SalesGrowth	0.613*** (9.58)	0.534*** (10.22)	0.539*** (12.60)	0.390*** (12.45)
LossD	-0.689*** (-12.86)	-0.581*** (-15.61)	-0.746*** (-15.12)	-0.623*** (-19.55)
NegcfoD	-0.165*** (-4.32)	-0.162*** (-5.79)	-0.239*** (-8.10)	-0.210*** (-10.25)
常数项	-6.178*** (-9.75)	-7.844*** (-13.46)	-5.718*** (-10.10)	-6.464*** (-13.49)
年度	控制	控制	控制	控制
行业	控制	控制	控制	控制
公司聚类	控制	控制	控制	控制
观察值	2717	3956	7007	10213
R^2	0.352	0.332	0.258	0.265
Adj. R^2	0.345	0.327	0.254	0.262

注：括号内的数值为 t 值；***、**、* 分别表示在 1%、5% 和 10% 水平上显著。

表 3-18 的列（3）和列（4）对 2010～2019 年样本期数据进行回归分析，得出的检验结果印证了假设 H3-3-3b。其中，列（3）为股权集中度高于均值的样本回归情况，Cscore 的估计系数为正但不显著；列（4）为股权集中度低于均值的样本回归情况，Cscore 的估计系数显著为正，这说明在较长样本期中，股权较分散的样本企业中会计稳健性与企业社会责任间表现为显著的正向影响关系。

由此可见，在股权集中度不同的情况下，会计稳健性与企业社会责任之间的影响关系存在差异，而这种关系的正负性在样本期间不同时会有所不同。从 2010～2013 年间样本期数据的实证分析结果来看，在股权相对分散的企业中，缺乏有力的大股东监管，广大中小股东“搭便车”心理严重，往往“用脚投票”，企业的决策权落入企业管理层手中，在管理层机会主义行为动机的驱使下，企业承担社会责任时更易受到会计稳健性水平的影响。但从长期来看，这种短视的机会主义行为必将不能长久，样本期拓展至 2010～2019 年后的回归结果验证了这种趋势。

（四）稳健性检验

接下来，针对本节的实证检验结果，做了如下两个方面的稳健性检验。

首先，对所有连续型变量进行标准化处理后再进行回归。这样做是因为指标的单位不一致（如，财务指标的单位是元，企业社会责任指标是介于0到4之间的比值）。2010～2013年和2010～2019年两个样本期的回归结果分别见表3－19和表3－20，其中表3－19的回归结果与本节假设H3－3－1a～H3－3－3a的回归结果基本保持一致，而表3－20的回归结果与本节假设H3－3－1b～H3－3－3b的回归结果基本保持一致。

表3－19　　稳健性检验1——变量标准化（2010～2013年）

变量名称	被解释变量：CSR_s				
	(1) 全样本	(2) 国有	(3) 非国有	(4) 股权集中	(5) 股权分散
Cscore_s	-0.043*** (-3.38)	-0.028 (-1.34)	-0.068*** (-3.77)	-0.026 (-1.39)	-0.053*** (-2.77)
Size_s	0.462*** (17.84)	0.464*** (11.63)	0.471*** (14.58)	0.406*** (10.68)	0.504*** (14.59)
TobinQ_s	0.065*** (3.57)	0.148*** (4.37)	0.029 (1.41)	0.122*** (3.78)	0.041* (1.95)
Lev_s	0.009 (0.39)	0.134*** (3.48)	-0.077*** (-3.04)	0.012 (0.32)	0.001 (0.03)
SalesGrowth_s	0.173*** (13.64)	0.163*** (8.17)	0.185*** (11.71)	0.187*** (9.58)	0.162*** (10.22)
LossD	-0.759*** (-19.94)	-0.893*** (-14.27)	-0.637*** (-14.53)	-0.834*** (-12.86)	-0.702*** (-15.61)
NegcfoD	-0.208*** (-7.42)	-0.207*** (-4.66)	-0.205*** (-5.90)	-0.200*** (-4.32)	-0.196*** (-5.79)
常数项	-0.342*** (-3.47)	-0.449*** (-2.96)	-0.317** (-2.42)	-0.200 (-1.57)	-0.458*** (-3.67)
年度	控制	控制	控制	控制	控制
行业	控制	控制	控制	控制	控制
公司聚类	控制	控制	控制	控制	控制
观察值	6673	2815	3858	2717	3956
R^2	0.330	0.351	0.320	0.352	0.332
Adj. R^2	0.327	0.345	0.315	0.345	0.327

注：括号内的数值为t值；***、**、*分别表示在1%、5%、10%水平上显著。

表 3-20 稳健性检验 2——变量标准化（2010~2019 年）

变量名称	被解释变量：CSR_s				
	(1) 全样本	(2) 国有	(3) 非国有	(4) 股权集中	(5) 股权分散
Cscore_s	0.026** (2.43)	0.001 (0.06)	0.043*** (3.09)	0.010 (0.54)	0.028** (2.22)
Size_s	0.408*** (18.71)	0.482*** (13.37)	0.344*** (12.87)	0.384*** (11.74)	0.413*** (15.11)
TobinQ_s	0.026* (1.66)	0.103*** (3.30)	-0.003 (-0.17)	0.053** (2.02)	0.021 (1.18)
Lev_s	0.032** (1.97)	0.081** (2.58)	-0.003 (-0.17)	0.024 (0.86)	0.044** (2.38)
SalesGrowth_s	0.136*** (16.80)	0.141*** (10.45)	0.150*** (15.20)	0.166*** (12.60)	0.120*** (12.45)
LossD	-0.751*** (-24.21)	-0.854*** (-16.96)	-0.650*** (-18.65)	-0.835*** (-15.12)	-0.697*** (-19.55)
NegcfoD	-0.264*** (-13.55)	-0.254*** (-7.52)	-0.262*** (-11.28)	-0.267*** (-8.10)	-0.235*** (-10.25)
常数项	-0.189** (-2.29)	-0.313*** (-2.83)	-0.135 (-1.13)	-0.022 (-0.18)	-0.324*** (-3.46)
年度	控制	控制	控制	控制	控制
行业	控制	控制	控制	控制	控制
公司聚类	控制	控制	控制	控制	控制
观察值	17220	6687	10533	7007	10213
R^2	0.259	0.307	0.225	0.258	0.265
Adj. R^2	0.257	0.304	0.223	0.254	0.262

注：括号内的数值为 t 值；***、**、* 分别表示在 1%、5%、10% 水平上显著。

其次，本节假设 H3-3-3 的回归检验中使用了 HHI10 的均值分组，在此，进一步分别使用 HHI1、HHI3 和 HHI5（第 1 大股东、前 3 大股东和前 5 大股东持股比例的平方和）的均值分组重复假设 H3-3-3 的回归，2010~2013 年和 2010~2019 年两个样本期的回归结果分别见表 3-21 和表 3-22，其中表 3-21 的回归结果与本节假设 H3-3-3a 的回归结果基本保持一致，而表 3-22 的回归结果与本节假设 H3-3-3b 的回归结果基本保持一致。

表 3-21　　稳健性检验 2——分组变量的选择（2010~2013 年）

变量名称	被解释变量：CSR					
	HHI1 均值分组		HHI3 均值分组		HHI5 均值分组	
	(1) 股权集中	(2) 股权分散	(3) 股权集中	(4) 股权分散	(5) 股权集中	(6) 股权分散
Cscore	-0.110* (-1.87)	-0.146** (-2.46)	-0.098* (-1.67)	-0.160*** (-2.66)	-0.100* (-1.71)	-0.152** (-2.53)
Size	0.322*** (10.79)	0.384*** (14.32)	0.318*** (10.76)	0.389*** (14.50)	0.317*** (10.72)	0.390*** (14.51)
TobinQ	0.125*** (3.50)	0.046** (1.99)	0.130*** (3.63)	0.048** (2.06)	0.132*** (3.71)	0.048** (2.03)
Lev	0.036 (0.25)	-0.010 (-0.10)	0.042 (0.29)	0.004 (0.04)	0.037 (0.26)	0.008 (0.08)
SalesGrowth	0.634*** (9.45)	0.526*** (10.22)	0.619*** (9.60)	0.531*** (10.18)	0.616*** (9.58)	0.532*** (10.20)
LossD	-0.669*** (-12.84)	-0.597*** (-15.86)	-0.692*** (-12.92)	-0.579*** (-15.62)	-0.690*** (-12.86)	-0.580*** (-15.61)
NegcfoD	-0.165*** (-4.22)	-0.163*** (-5.85)	-0.166*** (-4.34)	-0.160*** (-5.71)	-0.161*** (-4.20)	-0.165*** (-5.87)
常数项	-6.339*** (-9.82)	-7.671*** (-13.22)	-6.225*** (-9.81)	-7.808*** (-13.39)	-6.212*** (-9.78)	-7.817*** (-13.40)
年度	控制	控制	控制	控制	控制	控制
行业	控制	控制	控制	控制	控制	控制
公司聚类	控制	控制	控制	控制	控制	控制
观察值	2674	3999	2727	3946	2722	3951
R^2	0.356	0.324	0.354	0.330	0.353	0.332
Adj. R^2	0.349	0.319	0.347	0.325	0.346	0.326

注：括号内的数值为 t 值；***、**、*分别表示在 1%、5%、10% 水平上显著。

表 3-22　　稳健性检验 2——分组变量的选择（2010~2019 年）

变量名称	被解释变量：CSR					
	HHI1 均值分组		HHI3 均值分组		HHI5 均值分组	
	(1) 股权集中	(2) 股权分散	(3) 股权集中	(4) 股权分散	(5) 股权集中	(6) 股权分散
Cscore	0.071 (0.75)	0.152** (2.22)	0.029 (0.31)	0.159** (2.34)	0.053 (0.56)	0.147** (2.20)
Size	0.319*** (12.29)	0.314*** (14.19)	0.306*** (11.90)	0.325*** (14.95)	0.302*** (11.73)	0.327*** (15.10)

续表

变量名称	被解释变量：CSR					
	HHI1 均值分组		HHI3 均值分组		HHI5 均值分组	
	(1) 股权集中	(2) 股权分散	(3) 股权集中	(4) 股权分散	(5) 股权集中	(6) 股权分散
TobinQ	0.054 ** (2.27)	0.010 (0.60)	0.049 ** (2.06)	0.017 (1.07)	0.049 ** (2.04)	0.019 (1.16)
Lev	0.062 (0.50)	0.185 ** (2.37)	0.096 (0.80)	0.191 ** (2.41)	0.113 (0.93)	0.183 ** (2.32)
SalesGrowth	0.541 *** (12.41)	0.392 *** (12.59)	0.540 *** (12.72)	0.389 *** (12.37)	0.534 *** (12.47)	0.392 *** (12.53)
LossD	-0.722 *** (-14.83)	-0.634 *** (-19.54)	-0.741 *** (-15.20)	-0.624 *** (-19.38)	-0.746 *** (-15.17)	-0.622 *** (-19.47)
NegcfoD	-0.223 *** (-7.42)	-0.224 *** (-10.98)	-0.239 *** (-8.11)	-0.210 *** (-10.21)	-0.239 *** (-8.12)	-0.210 *** (-10.25)
常数项	-6.094 *** (-10.68)	-6.157 *** (-12.59)	-5.787 *** (-10.24)	-6.415 *** (-13.33)	-5.714 *** (-10.10)	-6.460 *** (-13.47)
年度	控制	控制	控制	控制	控制	控制
行业	控制	控制	控制	控制	控制	控制
公司聚类	控制	控制	控制	控制	控制	控制
观察值	6838	10382	7063	10157	7028	10192
R^2	0.262	0.260	0.259	0.263	0.258	0.265
Adj. R^2	0.258	0.258	0.255	0.261	0.254	0.262

注：括号内的数值为 t 值；***、**、* 分别表示在 1%、5%、10% 水平上显著。

最后，尝试采用固定效应模型（FE）替代本节中的最小二乘法（OLS）进行回归分析，实证研究结论未发生显著的改变。

四、研究结论

本节分别以我国 2010～2013 年和 2010～2019 年沪深两市 A 股上市公司为研究对象，从会计稳健性的角度入手，通过实证检验会计稳健性对企业社会责任的影响，并进一步探讨企业的股权性质、股权结构对上述关系的影响，从而对企业社会责任的行为动机进行有力剖析。实证研究结果表明，企业的会计稳健性与社会责任表现间存在显著的影响关系，这种关系的正负性随着样本期选择的不同有所差异；结合对企业股权性质及股权结构的研究表明，企业的国有股权性质会弱化两者间的相关关系；而在股权结构相对分散的企业中，这种关系更为显著。

第四节　本章小结

本章从盈余质量和会计稳健性的角度出发，实证分析企业履行社会责任的行为动机，为后面研究企业社会责任经济后果奠定必要的逻辑基础。本章的研究结论支持管理层机会主义动机下的企业社会责任行为，同时研究亦发现，相对而言，这种影响关系在短样本期中更为显著。该结论将影响到社会公众对企业社会责任行为的认知，有助于政策制定者和监管部门客观识别企业履行社会责任的可能行为动机，进一步规范和监管企业管理层的行为。

第四章　企业社会责任的经济后果研究

第一节　理论分析

企业社会责任被定义为企业维系与利益相关者之间亲密关系的一系列自愿性行为。这些利益相关者包括企业股东、员工、客户、供应商、政府、社区及自然环境（McWilliams and Siegel，2001）。企业社会责任的履行及信息披露行为会对企业的内外部利益相关者产生一定的影响。然而，当前研究企业社会责任经济后果方面的文献主要集中于探讨企业社会责任履行及信息披露行为是否会带来财务业绩和公司价值的提升，而对于企业社会责任对财务业绩和公司价值影响的中间转导机制的研究文献则相对匮乏，其中，针对企业社会责任对企业内部经营策略、外部独立信息中介及资本市场股价影响的关注度更是有限。

企业社会责任被管理层视作一项主要的风险管理战略（Godfrey et al.，2009），企业承担社会责任是一种信号传递机制（张兆国等，2012），通过承担社会责任，建立良好的利益相关者关系，可以维持企业的竞争优势，稳定和提高财务业绩，在企业面临不利情况时维持企业的发展。因此，企业在为股东创造财富的同时，还应承担对与企业相关的利益主体的社会责任，其中包括遵守商业道德、支持慈善事业、关注生产安全、保护劳动者的合法权益、为顾客提供安全的产品和服务、保护自然环境等（晁罡等，2012）。在企业内部经营策略层面上，企业社会责任行为对各方利益相关者可能产生重大影响，这主要表现为：通过直接在产品和制造过程中引入超出常规的社会特征，进行企业文化和操作流程上的设计，从而影响着工作流程创新；采用先进的人力资源管理程序招募和培训员工、制定具有等级制度的管理阶层以及设置管理层薪酬计划的结构；通过回收和污染治理取得更高水平的环保业绩以及通过税收支持当地地方经济发展（Russo and Harrison，2005；McWilliams et al.，2006）。基于此，笔者将利益相关者理论引入到本章的研究中去，探索在企业内部经营策略制定方面，企业对各方利益相关者履行社会责任的行为可能带来的经济后果。

注册会计师是与企业关系最为紧密的重要的外部信息中介。20 世纪 90 年代中后期，审计环境发生了很大变化，全球化和信息技术对企业的经营产生巨大影响、企业的组织形式和经营模式不断创新、会计准则中越来越多涉及判断和估计、可能引致财务报告舞弊的压力大为增加（陈毓圭，2004）。为此，以国际“四大”为代表的会计师事务所创新了审计方法论，首次提出“从被审计单位的经营风险入手进行审计”（即“经营风险基础审计”）的审计新思维。2006 年修订后的《中国注册会计师审计准则》吸收了“经营风险基础审计”中的合理成分，要求注册会计师增加对“被审计单位目标、战略和经营风险”的了解这一内容。风险导向审计以战略观和系统观思想指导评估重大错报风险和整个审计流程，核心思想是：审计风险主要来源于企业财务报告的重大错报风险，而错报风险主要来源于企业的经营风险和舞弊风险（张杨，2011）。由此可见，在企业社会责任、企业经营风险、审计风险及审计决策之间应该存在一定的关联性。因此，将风险审计理论作为理论基础，从注册会计师决策的角度出发，实证分析针对于信息中介而言，企业社会责任可能的经济后果是本章的研究要点之一。

可持续发展理论提出，经济发展、社会及生态环境维护应在共同的框架下进行，坚持可持续发展必须充分考虑生态环境的承载能力，尽量减少经济发展过程中对环境的破坏。企业在发展经济的同时，应不断发现和使用新能源、提高现有资源的使用效能，达到人与自然的和谐统一。总的来说，人类社会的可持续发展理论是企业社会责任观念形成的主要源泉，其核心思想在于企业要实现可持续发展的思想，要履行对企业所有利益相关者的社会责任（许家林和徐荣，2011）。企业社会责任可以带来企业的长期利润增长，因为对社会负责任的企业对投资者而言更具吸引力（Heal and Geoffrey，2005），这意味着可持续发展理论、企业社会责任与其在资本市场中所处的地位及企业的股价表现之间存在着某种必然的联系。因此，笔者将可持续发展的理念和思想贯彻到企业社会责任经济后果的研究中去，力求探究可持续发展理论在企业履行社会责任、稳定企业股价波动方面的指导作用。

综上所述，在本章接下来的研究中，将结合上述理论分析，沿袭前一章行为动机研究的结果，以企业为中心、遵循由内而外的逻辑顺序，探讨企业社会责任对于企业内部经营策略制定、外部信息中介机构决策及资本市场定价效率影响的经济后果。

第二节　企业社会责任与企业内部经营策略

在研究企业社会责任的经济后果时，大多数学者主要关注企业社会责任对组织中各层次战略、战术及策略的影响。首先，从企业总体层面上来看，企业社会责任被认为与国际化（Gardberg and Fombrun，2006）和多元化（McWilliams and Siegel，2000）战略相关，研究表明，致力于企业社会责任活动是一种战略性投资；其次，企业往往在总体战略基础之下构建其经营战术，此时企业社会责任常被用于树立强大的声誉，以此来将其产品区别于竞争者或行业内的成本领先者（Hart，1995）。

然而，关于企业社会责任对企业内部具体经营环节所带来的经济后果的研究仍然处于萌芽状态。这一领域大多数的研究主要是基于实际企业案例而展开的，主要研究企业社会责任理念的采用会如何影响企业精益生产实践、生产质量、供应链管理、产品设计及全面质量管理等经营策略的制定和实施（Porter and Van Der Linde，1995；Shrivastava，1995；Handfield et al.，1997）。尽管在上述领域的研究已经取得了一定的成果，但研究企业社会责任经营方面经济后果的严谨实证研究却仍然相对匮乏。

作为企业的一项重要流动资产，与存货相关的经营决策对企业经济效益有着重大影响（仉莹和张志宏，2016），因此，本节拟选择企业资产之一的存货项目，深入研究和探讨面向利益相关者需求的企业社会责任活动的经济后果。

本节以我国沪深交易所 2002～2019 年 A 股上市公司作为研究样本，从企业内部经营层面研究企业社会责任的经济后果。实证研究表明：第一，企业针对关键利益相关者的社会责任行为对企业存货水平存在显著影响，但具体的影响方向因利益相关者的不同而存在差异；第二，企业社会责任的整体表现与存货水平之间存在显著的 U 型非线性影响关系，即当企业管理层基于机会主义行为动机时，企业社会责任处于低水平，此时，随着企业对社会责任的履行，企业考虑部分利益相关者的利益诉求，降低企业存货水平，而当企业社会责任处于高水平时，企业出于对更多利益相关者利益诉求的考虑，基于会计稳健性的要求，在履行企业社会责任的同时，随之适当提高存货的投资水平。

本节的研究发现将有利于企业内部经营中存货管理方面的决策制订，同时为研究者对企业经营决策过程中整合不同利益相关者的利益诉求提供了具体的参考意见。此外，对于企业社会责任与存货水平间关系的清晰认识也将有利于进一步完善库存系统，使得企业能够在内部经营管理层面更好地满足不同利益相关者团体的利益诉求。

一、文献综述与研究假设

（一）关键利益相关者与企业存货管理

利益相关者理论充分体现了不同利益群体对企业社会责任的关注。该理论认为，在现代社会中，企业除了以股东财富最大化作为其财务管理目标外，还应最大限度地实现员工、客户、债权人、政府及社会等其他主要利益相关者的利益（万寿义和刘正阳，2013）。企业作为各方利益相关者共同缔结的契约结合体，在维持其自身生产经营活动顺利进行的前提下，必然会更多地关注于对员工的薪酬及福利支付、与客户建立良好合作关系、满足债权人的权益、对国家税收的支付以及积极投身公益事业回报社会；反过来，企业的利益相关者也会对企业自身生产经营活动的各个环节产生影响。近年来的相关研究发现，利益相关者会通过不同的方式影响着存货体系的设计与实施（De Vries，2009）。不同的利益相关者对企业有着不同的利益诉求，他们凭借着对企业管理决策过程的影响力，促使企业选择使其自身受益的存货管理方案。基于此，在本节中将主要讨论与企业关系紧密的五类利益相关者——员工、客户、债权人、政府及社会——对企业存货管理策略的影响。

1. 员工。

员工是企业生产经营活动的重要组成部分，是企业首先应当重视的利益相关者（万寿义和刘正阳，2013）。企业为员工提供整洁安全的工作环境、健康及教育方面的福利、利润分享的薪酬计划等可以改善企业与员工之间的关系，对员工积极性和士气带来正向影响，提高员工的工作投入度，减少旷工及员工的非正常流动（Branco and Rodrigues，2008），并能吸引和留住高技能员工，获得并维持企业特有的稀缺人力资本（Greening and Turban，2000）。

现有的文献研究证实，企业人力资源管理政策的优劣与存货水平间存在显著的相关性（Schonberger，2007），但相关性影响的方向不确定。其中，支持企业社会责任与存货水平负相关观点的学者们认为，在劳动力能从事先进工作流程的企业中，由于员工的忠诚度和工作积极性，可以使得工作按照预定计划开展，这可以在一定程度上缓解企业对于应急性存货的需求量，因此企业的存货水平更低

(Lieberman et al. , 1999)。为了达到员工参与的效果，企业必须积极创建适当的组织文化、完善激励机制以回报员工的努力及其带来的良好经营业绩、加大员工技能培训的投资、促进团队合作精神及给员工授权（Reid and Sanders，2005)。然而，支持企业社会责任与存货水平正相关观点的学者们认为，首先，若企业无法实施生产工艺及工作流程管理的持续改进，且无法实现全员参与的人力资源激励机制，那么，低水平存货的策略将无法实现。其次，履行对员工的社会责任也并不总是能够达到促进员工积极性的效果。有时，员工更喜欢长期安定的工作环境和未来实质性的晋升机会。为了获得员工的支持，管理者不得不许诺员工更为明确的晋升安排，并与其签订长期劳动合同，然而，2008 年 1 月 1 日起正式施行的新版《中华人民共和国劳动合同法》，对员工权益保护的增加使得企业解雇老员工的成本增加，达到了通过长期劳动合同来保护员工权益的目的，这在一定程度上使得企业难以通过员工流动来达到库存缓冲的效果（Haltiwanger and Maccini，1990；1994)，进而最终对企业财务业绩产生极大的负向影响（Pagano and Volpin，2005)。在这种情况下，企业不得不通过积累更多的存货来防止需求的剧烈波动。

深入探索员工社会责任影响的相关研究表明，在企业履行对员工的责任与存货水平之间存在两个相互抵消的影响。一方面，长期劳动合同以及其他人力资源管理方面的激励措施（例如，加薪及提供未来晋升机会）与存货水平间存在正向影响；另一方面，授权的员工对存货的负面影响存在一个量的变化，培训、授权及奖励政策预期将降低存货水平，然而，这种变化只能出现在强制性企业社会责任政策实施的情况下。因此，根据前面的分析，结合当前国内企业所处的经济及法律环境，笔者更倾向于认为正负两方影响因素抵消后，企业承担员工的社会责任对企业存货水平的总体影响是正向的。据此，提出如下假设。

H4 -2 -1a：企业针对员工的社会责任行为与存货水平间存在正相关关系。

2. 客户。

根据产权和契约理论可知，企业与客户之间是契约关系（万寿义和刘正阳，2013)。存货的功能之一是即时提供产品生产所需，使得可能导致客户不满的缺货现象发生概率降到最小化。一定量的存货是应对生产需求变化时的缓冲，在最终产品需求不能提前精确预估时尽可能满足客户的需要。产品和服务质量是客户关心的两个最为重要的特征（Waddock et al. , 2002)。高质量的产品和服务与更短更可靠的交货时间以及更少的存货短缺有着内在联系。客户通过购买力逐渐给企业施压，使其接受并重视他们的诉求。存货可用性对于总的订单周期有着直接的影响，可使企业和客户避免存货短缺成本，并使得销售得以维持（Ballou, 2004）。企业可以通过存货管理为客户提供更为普遍的产品和服务，以此来满足客户对于高质量产品及服务的要求（Fisher et al., 1995；Cachon and Olivares, 2010）。因此，以客户要求为自身目标且并非一味增加利润的企业将会在日常工作中优化其供应链环节的管理，而不仅仅是简单地增加存货水平（Neale et al., 2003；Ballou, 2004）。这些政策将带来更好的客户服务，并激发客户的角色外行为①，使客户感知到被公平和诚信对待（涂铭等，2013），进而对承担社会责任的企业持积极态度，在增加购买意愿的同时，降低对企业供应链风险的评估值，并据此适当降低对企业存货水平的苛求。据此，提出如下假设。

H4-2-1b：企业针对顾客的社会责任行为与存货水平间存在负相关关系。

3. 债权人。

从产权理论和利益相关者理论来看，企业与债权人之间存在不可回避的契约链条，是利益相关者中重要的关系组合之一（万寿义和刘正阳，2013）。债权人（主要是贷款银行）为了避免企业与债权人之间的第三类代理问题，会在企业贷款合同中规定限制性条款，要求企业稳健经营，谨慎投资，规避风险，以降低自身债权的回收风险。在当前中国的新经济环境下，债务融资仍是企业发展不可或缺的重要资源和融资的关键来源渠道。因此，企业为了获得更多低息长期贷款，会倾向于在对债权人履行责任的同时，尽可能地保证充足的存货水平，以便保持稳定的生产进度，尽可能降低经营风险。基于此，企业会有意识地增加存货水平，以此来满足债权人的利益诉求，维系好与债权人的关系。据此，提出如下假设。

H4-2-1c：企业针对债权人的社会责任行为与存货水平间存在正相关关系。

4. 政府。

政府是企业履行社会责任的主要利益相关者，也是主要的制度压力来源（何辉，2013）。国家财政收入的主要来源是税收，企业通过积极履行依法纳税义务，主动承担对政府的社会责任，以此增进与政府的关系，获取地方政府的保护以及国家的政策支持、便利地获得更多的稀缺资源（万寿义和刘正阳，2013；郭岚和陈愚，2015），进而降低企业生产经营过程中获取关键生产要素资源的不确定性风险。因此，企业在大力履行对政府这一维度的社会责任时，会出于成本因素的

① 营销学将客户行为分为角色内行为与角色外行为，其中角色外行为被定义为公民行为（citizenship behavior），包括那些原本不属于客户身份而利于企业的行为（涂铭等，2013）。

考虑，适当地降低存货储备量。据此，提出如下假设。

H4－2－1d：企业履行对政府的社会责任行为与存货水平间存在负相关关系。

5. 社会。

企业对社会的捐赠行为体现了企业对社会公众履行责任的维度。企业积极的慈善捐赠活动可能源于其不求回报、体现良好公民的利他行为（Campbell et al.，1999；高勇强等，2012），源于企业家或者企业的纯粹道德良知（朱敏等，2014），这将有助于企业获得更高的社会关注度和良好的声誉，然而，若企业更多地是出于管理层机会主义动机，试图通过慈善捐赠活动来刻意转移公众的视线，则最终会影响社会公众对企业的判断。为了尽可能避免在公众心目中留下投机性的不良印象，降低公众对企业经营风险的担忧，企业在从事慈善方面的社会责任时，亦会适当增加存货水平，以便打消外界信息使用者对于企业诚信的担忧，传递出企业稳定生产经营的良性信号。据此，提出如下假设。

H4－2－1e：企业通过慈善捐赠行为对社会履行的公益责任与存货水平间存在正相关关系。

（二）企业社会责任与企业存货管理

结合上一节的文献综述和理论分析，在此将企业对各主要利益相关者的责任履行情况予以汇总，并据此分析企业社会责任总体表现与存货管理之间的关系。

现有的文献研究表明，来自利益相关者的压力是企业社会责任最重要的驱动力之一（Mitchell et al.，1997；Agle et al.，1999；Bansal and Roth，2000；Kassinis and Vafeas，2006）。利益相关者影响企业决策的能力源于他们对企业生存和盈利的贡献（Clarkson，1995）；所提要求的合法性、紧迫性（Mitchell et al.，1997）；对于关键资源的控制力（Pfeffer and Salancik，1978）以及向企业依赖的其他团体组织施压的能力（Frooman，1999）。然而，各方利益相关者对企业施压的能力存在差异（Mitchell et al.，1997），而企业管理层也会感知和考虑影响企业社会责任履行的不同利益相关者的相对重要性水平（Henriques and Sadorsky，1999）。然而，由于无法始终关注所有的利益相关者（Jawahar and McLaughlin，2001），因此，企业管理层不得不从机会主义的角度出发，在不同的时期对不同的利益相关者实行区别对待，而区别对待的标准是特定时期企业对这些利益相关者的资源依赖程度，即企业会更多地关注那些在关键时刻控制着对其成功至关重要的资源的利益相关者群体，这些利益相关者的诉求压力将直接或间接地塑造企业的社会责任战略。

为了对企业社会责任的总体表现与存货管理之间的关系有一个清晰的认识，笔者回顾了近年来研究利益相关者对存货管理系统设计和实施产生影响的案例研究文献（De Vries，2005；2009）。文献研究表明，存货系统并不总是基于预设方法下的结果，而是一个不同利益组织成员共同参与的政治博弈的结果。这些组织成员（或被称为利益相关者）存在认知、利益及影响企业决策的能力上的差异，会利用自身影响力去塑造存货系统的关键维度指标，以便影响整个系统的投入，使之与其自身利益达成更大的一致性。因此，应将企业的各方利益相关者相联系，共同研究其对企业存货管理的影响。

研究表明，利益相关者对存货系统的结果有着不同的利益诉求，每个利益相关者都试图用不同的方式对企业的存货管理施加影响。其中，客户的偏好与监督是一个企业首先需要考虑和重视的社会责任维度，尤其是对于那些将关注客户需求作为目标而不是增加利润手段的企业而言，客户压力成为企业社会行为的重要驱动力之一。而且，随着公众对社会和环境问题关注度的增加，在做出购买决策时，客户越来越关心企业的社会因素，而这直接影响到企业绩效（Christmann，2004）。此外，政府是企业的制度压力来源（何辉，2013），企业为了获取地方政府的保护以及国家的政策支持，管理层为了赢得宝贵的政治晋升资本，均存在优先关注政府诉求的动机。因此，在企业履行社会责任的初期，主要依据客户和政府的诉求来选择社会和环境规格的承诺水平（Christmann and Taylor，2006）。值得注意的是，当企业更加具有社会责任感时，它们会关注除客户和政府之外的更广泛的利益相关者，采取主动的社会责任策略，同时考虑诸如员工、债权人及社会公众在内的更多利益相关者的利益（Murillo – Luna et al.，2008）。

因此，综合前面假设 H4 – 2 – 1a ~ H4 – 2 – 1e 中分析的各方利益相关者对存货水平的影响，可以推断，当企业社会责任政策的实施处于初期阶段时，基于管理层机会主义行为倾向，企业会优先考虑客户和政府的利益诉求；而当企业社会责任政策充分发展时，才有可能更多地关注员工、债权人以及包括社会关注在内的其他利益相关者的利益。总的来说，这两方面因素的存在使得企业社会责任与存货水平间的影响关系可能表现为一种非线性关系。基于此，提出本节的假设 H4 – 2 – 2。

H4 – 2 – 2：企业社会责任与存货水平间存在显著的 U 型非线性影响关系。

二、研究设计

（一）样本选择与数据来源

本节以我国沪深交易所 2002 ~ 2019 年 A 股上市公司为研究样本，所使用的数据均来自国泰安数据库（CSMAR）。本节筛选样本的标准包括：（1）剔除金融类公司；（2）仅保留发行 A 股的公司；（3）剔除资产负债率大于 1 或总资产（或所有者权益）小于零的上市公司；（4）剔除存在数据缺失的上市公司。根据上述标准筛选，最终得到 12569 个公司—年度观察值。此外，对于连续性变量进行 1% 和 99% 分位数的缩尾处理。

（二）变量的选择和度量

1. 被解释变量。

采用相对存货指标（比率变量）来分析跨公司的面板数据，以便在一定程度上消除不同公司之间规模差异对存货水平的影响。参考之前文献研究的定义，设置存货销售率指标（Inv_sales），该指标为平均存货水平与当期营业成本的比率（Barcos et al.，2013）。

2. 解释变量。

根据本节的理论设定可知，解释变量包括企业社会责任的五个细分维度指标和一个总体衡量指标，其中企业社会责任的细分维度指标参考万寿义和刘正阳（2013）的做法，分别设置薪酬支付率（GOVR）、营业费用支出率（SER）、利息保障倍数（LXBS）、纳税贡献率（TAXR）及社会捐赠率（SD）来考虑企业对员工、客户、债权人、政府及社会等各主要利益相关者的责任；而企业社会责任的总体衡量指标则借鉴沈洪涛等（2011）的研究，以上交所 2008 年 5 月发布的《关于加强上市公司社会责任承担工作的通知》中定义的每股社会贡献值来衡量企业的社会责任表现。

3. 控制变量。

基于已有的文献研究（Lieberman et al.，1999；Gaur et al.，2005；Rumyantsev and Netessine，2007），在本节的回归模型中包括如下控制变量：公司规模（Size）、毛利率（GrossMargin）、应付账款周转率（LeadTime）、营业收入增长率（SalesGrowth）、负债资本比率（DebtCapital）、销售不确定性（Sigma）。此外，加入行业虚拟变量（Industry）和年度虚拟变量（Year）以分别控制行业及年度上的固定效应。变量的定义和度量如表 4 - 1 所示。

表 4-1　　变量的定义与度量

分组	变量	名称	定义及度量
被解释变量	Inv_sales	存货销售率	存货平均余额/营业成本，存货周转率的倒数
解释变量	GOVR	薪酬支付率	对员工的责任，支付给职工及为职工支付的薪金/营业收入
	SER	营业费用支出率	对客户的责任，营业费用/营业收入
	LXBS	利息保障倍数	对债权人的责任，息税前利润/利息
	TAXR	纳税贡献率	对政府的责任，（支付的各项税费 - 收到的税费返还）/资产总额
	SD	社会捐赠率	对社会的责任，捐赠支出/税前利润
	CSR	企业社会责任	企业当期履行的社会责任总和
控制变量	Size	公司规模	企业总资产的自然对数
	GrossMargin	营业毛利率	（营业收入 - 营业成本）/营业收入
	LeadTime	应付账款周转率	营业成本/平均应付账款余额
	SalesGrowth	营业收入增长率	反映公司成长性，（本期营业收入 - 上期营业收入）/上期营业收入
	DebtCapital	负债资本比率	反映资本结构，负债/所有者权益
	Sigma	销售不确定性	滞后期销售收入回归的残差标准差
	Industry	行业虚拟变量	根据中国证监会颁布的《上市公司行业分类指引》划分上市公司的行业归属，其中制造业细分二级子类，因此，本节样本公司共分属 21 个行业门类，为避免多重共线性，设置 20 个行业虚拟变量
	Year	年度虚拟变量	样本年份 2002 ~ 2019 年，共 18 年数据，出于避免多重共线性的考虑，设置 17 个年度虚拟变量

（三）实证模型

参考巴尔科斯等（Barcos et al.，2013）的模型，本节估计如下回归模型（4.1）和模型（4.2），分别检验社会责任的关键维度指标及总体表现与存货水平之间的关系，其中，模型（4.1）检验了企业履行对各主要利益相关者责任与存货水平之间的关系，而模型（4.2）检验了企业社会责任总体表现与存货水平之间的关系：

$$\begin{aligned} Inv\_sales_{j,t} = {} & \beta_0 + \beta_1 GOVR_{j,t} + \beta_2 SER_{j,t} + \beta_3 LXBS_{j,t} + \beta_4 TAXR_{j,t} + \beta_5 SD_{j,t} + \\ & \beta_6 Size_{j,t} + \beta_7 GrossMargin_{j,t} + \beta_8 LeadTime_{j,t} + \beta_9 SalesGrowth_{j,t} + \\ & \beta_{10} DebtCapital_{j,t} + \beta_{11} Sigma_{j,t} + \sum_{S=1}^{21} \beta_{11+S} Industry_{j,t} + \\ & \sum_{T=1}^{5} \beta_{32+T} Year_{j,t} + \varepsilon_{j,t} \end{aligned} \tag{4.1}$$

$$Inv\_sales_{j,t} = \beta_0 + \beta_1 CSR_{j,t} + \beta_2 CSR_{j,t}^{\ 2} + \beta_3 Size_{j,t} + \beta_4 GrossMargin_{j,t} + \beta_5 LeadTime_{j,t} + \beta_6 SalesGrowth_{j,t} + \beta_7 DebtCapital_{j,t} + \beta_8 Sigma_{j,t} + \sum_{S=1}^{21} \beta_{8+S} Industry_{j,t} + \sum_{T=1}^{5} \beta_{29+T} Year_{j,t} + \varepsilon_{j,t} \quad (4.2)$$

在上述模型（4.1）和模型（4.2）中，被解释变量 $Inv\_sales_{j,t}$ 均为 j 公司第 t 年的存货销售比率，反映企业的存货水平；$GOVR_{j,t}$、$SER_{j,t}$、$LXBS_{j,t}$、$TAXR_{j,t}$、$SD_{j,t}$ 分别为 j 公司第 t 年不同维度社会责任的表现情况；$CSR_{j,t}$ 为 j 公司第 t 年的总体社会责任表现情况。

考虑到样本数据所具有的典型短面板特征（$t<j$），在所有回归结果报告 t 值时，标准误均采用公司聚类（Petersen，2009）。

三、实证结果及分析

（一）单变量分析

1. 描述性统计。

主要变量的描述性统计结果见表 4－2。其中，存货销售率（Inv_sales）均值为 0.507，中位数为 0.244，最小值为 0.005，75 分位数为 0.462，这表明半数以上的企业存货销售率都小于 0.25，3/4 以上的都小于 0.5，均低于平均水平，且数据分布集中，但最大值却高达 5.530，这表明在进行 99 分位数 Winsorize 处理后仍有少量离群值存在；企业社会责任总体表现（CSR）的均值为 1.173，中位数为 0.919，最大值为 5.791，均值（或中位数）与最大值相去甚远。一方面，中位数值小于均值，这表明半数以上企业的社会责任履行情况均低于平均水平；另一方面，最大值的离群表明在样本中存在个别企业社会责任履行情况较好，然而对于大多数企业而言，如此超高的值并非普遍现象；企业社会责任的细分维度指标中仅有利息保障倍数（LXBS）指标的高低悬殊较大，标准差达到 54.19；在控制变量方面，企业规模变量（Size）的均值为 22.00、中位数为 21.90，均值和中位数间相差无几，这表明该变量总体上服从正态分布；反映企业资本结构的变量（DebtCapital）的均值为 1.316，中位数为 0.918，这表明样本中半数以上企业的负债略大于其所有者权益；营业收入增长率（SalesGrowth）均值为 0.385，这说明近年来中国企业的成长性还是不错的。

表 4-2　　　　　　　　　　描述性统计

变量名称	观察值	均值	标准差	最小值	25 分位数	中位数	75 分位数	最大值
Inv_sales	12569	0.507	0.871	0.005	0.132	0.244	0.462	5.530
CSR	12569	1.173	1.041	-0.911	0.517	0.919	1.513	5.791
CSR^2	12569	2.460	4.835	0	0.284	0.845	2.288	33.54
GOVR	12569	0.106	0.194	0	0.051	0.085	0.133	14.13
SER	12569	0.063	0.077	0	0.019	0.038	0.075	1.064
LXBS	12569	2.319	54.19	-292.9	0.781	3.167	8.731	266.2
TAXR	12569	0.032	0.040	-0.982	0.013	0.026	0.044	1.356
SD	12569	0.005	0.057	-1.120	0	0	0.003	4.342
Size	12569	22.00	1.129	19.66	21.19	21.90	22.69	25.20
GrossMargin	12569	0.259	0.158	0.005	0.145	0.227	0.341	0.766
LeadTime	12569	9.842	13.14	1.085	3.832	6.004	10.25	95.03
DebtCapital	12569	1.316	1.351	0.036	0.476	0.918	1.667	8.476
SalesGrowth	12569	0.385	0.689	-0.272	0.104	0.227	0.420	5.301
Sigma	12569	0.791	0.593	0.036	0.358	0.647	1.054	3.010

2. 相关性分析。

主要变量的相关性分析结果见表 4-3。其中，企业社会责任总体指标（CSR）与存货销售率（Inv_sales）间存在显著相关性，企业社会责任细分维度指标中薪酬支付率（GOVR）与存货销售率（Inv_sales）间的相关系数显著为正，这些证据初步支持了本节的研究假设。在后续的研究中，将进一步控制住其他变量，对研究假设加以实证检验。各变量间（除解释变量 CSR 与其二次方项 CSR^2之间的相关系数为 0.914）相关系数绝对值全都小于 0.4，由此表明变量间不存在严重多重共线性问题。

表 4-3　　　　　　　　　主要变量的相关性分析

变量名称	Inv_sales	CSR	CSR^2	GOVR	SER	LXBS	TAXR	SD
Inv_sales	1							
CSR	-0.044***	1						
CSR^2	-0.029***	0.914***	1					
GOVR	0.067***	-0.014	-0.001	1				
SER	0.028***	0.020**	0.009	0.128***	1			
LXBS	0.015	0.037***	0.024***	-0.006	-0.037***	1		
TAXR	0.014	0.300***	0.260***	0.007	0.249***	-0.010	1	
SD	-0.002	-0.016*	-0.011	-0.008	0.007	-0.002	0.007	1

注：***、**、*分别表示在 1%、5% 和 10% 水平上显著。

（二）多元回归分析

企业社会责任各细分维度指标中关键利益相关者对企业存货水平的影响效应的回归检验结果见表4－4。在表4－4的列（1）～列（5）中，分别以企业社会责任各细分维度指标作为关键解释变量，对模型（4.1）进行回归分析。结果显示，在列（1）所示的回归结果中，薪酬支付率指标（GOVR）的回归系数为0.345，在1%的统计性水平上显著为正（$t_{0.01}=2.84$），这表明企业履行对员工的责任与企业的存货水平间存在强正相关关系，假设H4－2－1a得到验证；在列（2）所示的回归结果中，营业费用支出率指标（SER）的回归系数为－0.943，亦在1%的统计水平上显著为负（$t_{0.01}=-3.52$），这表明企业履行对客户的责任与企业的存货水平间存在较强的负相关关系，假设H4－2－1b得到验证；在列（3）所示的回归结果中，利息保障倍数（LXBS）的回归系数为0.00004，t＝1.41，这表明企业对债权人履行责任与存货水平间存在一定的正相关关系；在列（4）所示的回归结果中，纳税贡献率指标（TAXR）的回归系数为－1.405，在1%的统计性水平上显著为负（$t_{0.01}=-3.87$），这表明企业履行对政府的责任与存货水平间存在强负相关关系，假设H4－2－1d得到验证；在列（5）所示的回归结果中，社会捐赠率指标（SD）的回归系数为0.145，在5%的统计性水平上显著为正（$t_{0.05}=2.40$），这表明企业履行对社会的公益责任与存货水平间存在正相关关系，假设H4－2－1e得到验证。在表4－4的列（6）中，进一步将企业社会责任各细分维度指标一并作为关键解释变量纳入模型（4.1）中进行回归分析，结果表明，各细分维度指标的回归系数及显著性水平与列（1）～列（5）的结果无明显差异，这进一步对本节假设H4－2－1a～H4－2－1e进行了印证。

表4－4　　假设H4－2－1a～H4－2－1e：关键利益相关者对存货水平的影响分析

变量名称	(1) Inv_sales	(2) Inv_sales	(3) Inv_sales	(4) Inv_sales	(5) Inv_sales	(6) Inv_sales
GOVR	0.345*** (2.84)					0.360*** (3.56)
SER		−0.943*** (−3.52)				−0.958*** (−3.56)
LXBS			0.000 (1.41)			0.000 (1.23)
TAXR				−1.405*** (−3.87)		−1.275*** (−3.87)

续表

变量名称	(1) Inv_sales	(2) Inv_sales	(3) Inv_sales	(4) Inv_sales	(5) Inv_sales	(6) Inv_sales
SD					0.145 ** (2.40)	0.159 *** (2.68)
Size	0.033 *** (2.77)	0.022 * (1.87)	0.026 ** (2.16)	0.031 ** (2.55)	0.027 ** (2.19)	0.032 *** (2.79)
GrossMargin	1.217 *** (10.07)	1.512 *** (10.93)	1.276 *** (11.12)	1.387 *** (11.25)	1.275 *** (11.13)	1.559 *** (10.66)
LeadTime	-0.003 *** (-4.68)	-0.003 *** (-4.95)	-0.003 *** (-4.90)	-0.003 *** (-4.43)	-0.003 *** (-4.92)	-0.003 *** (-4.26)
DebtCapital	0.062 *** (6.00)	0.065 *** (6.37)	0.063 *** (6.10)	0.061 *** (5.97)	0.063 *** (6.09)	0.064 *** (6.19)
SalesGrowth	-0.066 *** (-5.94)	-0.074 *** (-7.04)	-0.070 *** (-6.59)	-0.070 *** (-6.62)	-0.070 *** (-6.57)	-0.071 *** (-6.43)
Sigma	0.017 ** (1.97)	0.016 * (1.79)	0.016 * (1.79)	0.015 * (1.78)	0.016 * (1.79)	0.018 ** (2.07)
常数项	-0.416 (-1.54)	-0.165 (-0.62)	-0.261 (-0.95)	-0.374 (-1.36)	-0.268 (-0.97)	-0.413 (-1.57)
年度	控制	控制	控制	控制	控制	控制
行业	控制	控制	控制	控制	控制	控制
公司聚类	控制	控制	控制	控制	控制	控制
观察值	12569	12569	12569	12569	12569	12569
R^2	0.522	0.520	0.516	0.519	0.516	0.529
Adj. R^2	0.520	0.518	0.515	0.518	0.515	0.527
F值	24.880	25.571	24.474	24.678	24.326	24.752

注：括号内为t值；***、**、*分别表示1%、5%、10%的显著性水平。

在控制变量方面，公司规模（Size）、营业毛利率（GrossMargin）、负债资本比率（DebtCapital）与存货水平间存在正相关关系，而应付账款周转率（LeadTime）及营业收入增长率（SalesGrowth）与存货水平间呈显著负相关关系，这表明，公司规模、盈利状况及资本结构会正向影响存货水平，而资金周转速度及成长性对存货水平则会产生负向影响。

为了考察企业社会责任总体表现情况对存货水平的影响，采用模型（4.2）进行实证检验，回归结果见表4-5。其中，列（1）为不加入控制变量的单变量回归分析结果，列（2）为加入控制变量后的多元回归分析结果。总体来说，无论是否加入公司规模、盈利状况、资金周转速度、资本结构及公司成长性等控制变量，关键解释变量的回归结果都是一致的，即企业社会责任表现的平方项（CSR^2）的回归系数均在统计上显著为正，这表明企业存货水平会随着社会责任履行情况的增加呈现出先下降后上升的非线性变化趋势，即两者之间呈 U 型非线性关系，假设 H4－2－2 得以验证。此外，在表 4－5 的列（2）中，各控制变量回归系数的符号及显著性水平与表 4－4 中的回归结果基本保持一致。

表 4－5　　假设 H4－2－2：企业社会责任对存货水平的影响分析

变量名称	(1) Inv_sales	(2) Inv_sales
CSR	-0.075*** (-3.12)	-0.204*** (-7.94)
CSR^2	0.010* (1.94)	0.023*** (4.88)
Size		0.080*** (5.89)
GrossMargin		1.453*** (12.00)
LeadTime		-0.003*** (-4.46)
DebtCapital		0.061*** (5.88)
SalesGrowth		-0.056*** (-5.43)
Sigma		0.019** (2.21)
常数项	0.569*** (5.77)	-1.371*** (-4.45)
年度	控制	控制
行业	控制	控制
公司聚类	控制	控制
观察值	12569	12569
R^2	0.466	0.529
Adj. R^2	0.464	0.527
F 值	21.633	24.642

注：括号内为 t 值；***、**、* 分别表示 1%、5%、10% 的显著性水平。

（三）稳健性检验

为了保证本节实证研究结论的稳健性，接下来将从以下几个方面进行检验。

1. 变量的标准化处理。

考虑到在回归模型中各变量的度量单位存在量纲上的不一致性，本节借鉴拉凯斯玛拉和杨（Laksmana and Yang，2009）、朱敏等（2014）的做法，将前面回归模型中涉及的所有连续型变量减去其均值后除以标准差进行标准化处理，得到带有"_s"后缀的标准化变量，将其重新代入模型（4.1）和模型（4.2）进行假设H4－2－1a～H4－2－1e及假设H4－2－2的回归检验，结果见表4－6和表4－7，各关键解释变量回归系数的符号及显著性水平与前面表4－4和表4－5的主假设回归结果保持一致。

表4－6　　　　稳健性检验1－1：变量标准化处理

变量名称	(1) Inv_sales_s	(2) Inv_sales_s	(3) Inv_sales_s	(4) Inv_sales_s	(5) Inv_sales_s	(6) Inv_sales_s
GOVR_s	0.077*** (2.84)					0.080*** (3.56)
SER_s		−0.084*** (−3.52)				−0.085*** (−3.56)
LXBS_s			0.011 (1.41)			0.010 (1.23)
TAXR_s				−0.064*** (−3.87)		−0.058*** (−3.87)
SD_s					0.009** (2.40)	0.010*** (2.68)
Size_s	0.042*** (2.77)	0.028* (1.87)	0.034** (2.16)	0.040** (2.55)	0.034** (2.19)	0.041*** (2.79)
GrossMargin_s	0.221*** (10.07)	0.275*** (10.93)	0.232*** (11.12)	0.252*** (11.25)	0.232*** (11.13)	0.284*** (10.66)
LeadTime_s	−0.048*** (−4.68)	−0.052*** (−4.95)	−0.051*** (−4.90)	−0.047*** (−4.43)	−0.051*** (−4.92)	−0.046*** (−4.26)
DebtCapital_s	0.096*** (6.00)	0.101*** (6.37)	0.097*** (6.10)	0.095*** (5.97)	0.097*** (6.09)	0.099*** (6.19)
SalesGrowth_s	−0.052*** (−5.94)	−0.059*** (−7.04)	−0.055*** (−6.59)	−0.055*** (−6.62)	−0.055*** (−6.57)	−0.056*** (−6.43)
Sigma_s	0.012** (1.97)	0.011* (1.79)	0.011* (1.79)	0.011* (1.78)	0.011* (1.79)	0.012** (2.07)
常数项	0.215** (2.11)	0.204** (2.05)	0.197* (1.94)	0.166 (1.64)	0.199* (1.96)	0.192* (1.94)

续表

变量名称	(1) Inv_sales_s	(2) Inv_sales_s	(3) Inv_sales_s	(4) Inv_sales_s	(5) Inv_sales_s	(6) Inv_sales_s
年度	控制	控制	控制	控制	控制	控制
行业	控制	控制	控制	控制	控制	控制
公司聚类	控制	控制	控制	控制	控制	控制
观察值	12569	12569	12569	12569	12569	12569
R^2	0. 522	0. 520	0. 516	0. 519	0. 516	0. 529
Adj. R^2	0. 520	0. 518	0. 515	0. 518	0. 515	0. 527
F 值	24. 880	25. 571	24. 474	24. 678	24. 326	24. 752

注：括号内为 t 值；*** 、** 、* 分别表示 1% 、5% 、10% 的显著性水平。

表 4－7　　稳健性检验 1－2：变量标准化处理

变量名称	(1) Inv_sales_s	(2) Inv_sales_s
CSR_s	－0. 089 *** (－3. 12)	－0. 244 *** (－7. 94)
CSR^2_s	0. 055 * (1. 94)	0. 130 *** (4. 88)
Size_s		0. 104 *** (5. 89)
GrossMargin_s		0. 264 *** (12. 00)
LeadTime_s		－0. 046 *** (－4. 46)
DebtCapital_s		0. 094 *** (5. 88)
SalesGrowth_s		－0. 045 *** (－5. 43)
Sigma_s		0. 013 ** (2. 21)
常数项	－0. 002 (－0. 02)	0. 142 (1. 43)
年度	控制	控制
行业	控制	控制
公司聚类	控制	控制
观察值	12569	12569
R^2	0. 466	0. 529
Adj. R^2	0. 464	0. 527
F 值	21. 633	24. 642

注：括号内为 t 值；*** 、** 、* 分别表示 1% 、5% 、10% 的显著性水平。

2. 样本期间的选择。

考虑到宏观经济环境（如金融危机）对企业存货水平可能产生的影响，为了排除宏观经济异常波动对回归分析结果的干扰，在此将样本中全球金融危机发生当年及之后一年（即2008年和2009年）的公司年度样本观察值予以剔除，对剩下的子样本进行回归分析，结果见表4-8和表4-9，总的来说，解释变量回归系数的符号和显著性水平均未发生实质性的改变，而且利息保障倍数（LXBS）回归系数的t值从原1.41升至1.97，统计显著性水平有所上升，更有助于印证本节假设。

表4-8　　稳健性检验2-1：剔除金融危机影响

变量名称	(1) Inv_sales	(2) Inv_sales	(3) Inv_sales	(4) Inv_sales	(5) Inv_sales	(6) Inv_sales
GOVR	0.369*** (3.43)					0.366*** (3.60)
SER		-1.005*** (-3.54)				-0.964*** (-3.39)
LXBS			0.000** (1.97)			0.000* (1.71)
TAXR				-1.569*** (-4.37)		-1.358*** (-3.90)
SD					0.145** (2.22)	0.157** (2.42)
Size	0.033*** (2.77)	0.022* (1.85)	0.026** (2.14)	0.031** (2.57)	0.026** (2.17)	0.032*** (2.81)
GrossMargin	1.204*** (10.06)	1.530*** (10.78)	1.272*** (11.21)	1.400*** (11.47)	1.271*** (11.21)	1.567*** (10.38)
LeadTime	-0.003*** (-4.83)	-0.003*** (-5.04)	-0.003*** (-5.01)	-0.003*** (-4.52)	-0.003*** (-5.03)	-0.003*** (-4.39)
DebtCapital	0.067*** (5.99)	0.071*** (6.36)	0.068*** (6.10)	0.067*** (6.02)	0.068*** (6.10)	0.069*** (6.18)
SalesGrowth	-0.062*** (-5.65)	-0.070*** (-6.78)	-0.066*** (-6.35)	-0.065*** (-6.32)	-0.066*** (-6.33)	-0.066*** (-6.04)
Sigma	0.021** (2.23)	0.020** (2.10)	0.019** (2.07)	0.019** (2.07)	0.019** (2.05)	0.022** (2.37)
常数项	-0.416 (-1.52)	-0.165 (-0.61)	-0.257 (-0.92)	-0.384 (-1.38)	-0.265 (-0.95)	-0.423 (-1.59)
年度	控制	控制	控制	控制	控制	控制

续表

变量名称	(1) Inv_sales	(2) Inv_sales	(3) Inv_sales	(4) Inv_sales	(5) Inv_sales	(6) Inv_sales
行业	控制	控制	控制	控制	控制	控制
公司聚类	控制	控制	控制	控制	控制	控制
观察值	11423	11423	11423	11423	11423	11423
R^2	0.514	0.511	0.507	0.510	0.507	0.521
Adj. R^2	0.512	0.509	0.505	0.509	0.505	0.519
F 值	25.072	25.431	24.145	24.458	24.128	24.678

注：括号内为 t 值；***、**、* 分别表示 1%、5%、10% 的显著性水平。

表 4-9　稳健性检验 2-2：剔除金融危机影响

变量名称	(1) Inv_sales	(2) Inv_sales
CSR	-0.075*** (-3.04)	-0.202*** (-7.84)
CSR2	0.009* (1.88)	0.023*** (4.80)
Size		0.080*** (5.87)
GrossMargin		1.443*** (12.14)
LeadTime		-0.003*** (-4.61)
DebtCapital		0.066*** (5.90)
SalesGrowth		-0.053*** (-5.10)
Sigma		0.023** (2.45)
常数项	0.581*** (5.57)	-1.361*** (-4.39)
年度	控制	控制
行业	控制	控制
公司聚类	控制	控制
观察值	11423	11423
R^2	0.455	0.520
Adj. R^2	0.453	0.518
F 值	21.602	24.426

注：括号内为 t 值；***、**、* 分别表示 1%、5%、10% 的显著性水平。

四、研究结论

本节从各方利益相关者群体权力博弈的角度系统研究企业社会责任对企业内部经营之存货管理策略的影响。通过使用中国沪深两市 2002～2019 年 12569 个公司—年度观察值作为研究样本展开实证分析，研究结果表明：企业存货管理策略受到来自不同利益相关者群体利益诉求压力的影响，其中，客户、政府与企业存货水平之间存在负相关的影响关系；而员工、债权人和社会公众与企业存货水平之间存在正相关的影响关系；企业社会责任不同维度的利益相关者权力博弈的结果使得总体企业社会责任与存货水平之间呈现出 U 型曲线影响关系。现有文献已经充分论证了企业生产经营对财务业绩的影响，亦强调了应识别企业经营中社会责任影响的重要性（Margolis and Walsh，2003）。本节的研究在“企业社会责任—内部经营（存货管理）策略—财务业绩”的传导路径之间建立了关联，从作用路径的角度对辨析企业社会责任与财务业绩间关系的文献给予了实证支持。

第三节　企业社会责任与外部信息中介

注册会计师是资本市场的重要参与者、独立的信息中介机构，主要作为独立第三方接受企业聘请，审查企业财务报告并发布审计意见（廖冠民和吴溪，2013）。随着审计职能的发展，要求注册会计师在进行财务报告审计时，同时对企业的财务信息和非财务信息进行核对和检查，以衡量企业的持续经营能力及管理层诚信问题（COSO，2010）。企业社会责任报告作为一项重要的非财务信息，必将被纳入审计过程中，构成审计风险评估及风险应对的重要考虑内容。

近年来，越来越多的企业披露了独立的社会责任报告。现有文献研究表明，企业可能出于避免政府干预，获得利益相关者支持（Ullmann，1985），减少环境污染、劳工纠纷、法律诉讼的负面影响（Patten，1992；崔秀梅，2008），吸引优秀员工、提高员工忠诚度（Branco and Rodeigues，2008）等各种不同的动机进行社会责任报告的披露。然而，由于目前国内尚未出台权威性的企业社会责任信息披露标准，企业社会责任信息披露在一定程度上存在随意性（孙岩，2012），同形性和模仿性较为泛滥（沈洪涛和苏亮德，2012）。而且，作为一种主要以自愿性披露为主的信息披露机制，社会责任报告很大程度上源于上市公司管理层对信息的自我选择，是管理层与利益相关者之间博弈的内生决策（张正勇，2011）。管理层出于竞争、利益和声誉的考虑，倾向于将企业社会责任报告视为一种公关式报告（杨汉明和吴丹红，2015），在履行社会责任行为的影响力受限时，可能利用社会责任报告夸大或选择性披露的方式建立企业商誉（陈政，2007），以极低的成本起到良好的公司产品和管理形象宣传功能（孙蔓莉，2005；张正勇，2011）。因此，在审计工作过程中，注册会计师必须对企业社会责任报告的真实性、准确性和完整性执行相应的审计程序，并与其他审计证据进行相互勾稽和核对，以确保企业信息披露的整体一致性。注册会计师在审计程序中对企业社会责任信息的关注，必然会带来年报审计工作的增加，进而影响到注册会计师审计风险的评估、审计工作投入及审计收费。

一、文献综述与研究假设

（一）企业社会责任信息披露与注册会计师审计收费

国外学者对审计收费影响因素的研究由来已久（Simunic，1980），国内自从王振林（2002）首次探讨审计收费因素以来，亦有大批学者从企业股权性质（余玉苗和王宇生，2011）、内部控制（张旺峰等，2011）、产品市场竞争（邢立全和陈汉文，2013）、关联方交易（马建威和李伟，2013）以及法律风险（冯延超和梁莱歆，2010）等多角度展开研究，探讨其与注册会计师审计收费的关系。这些实证研究的结果都表明，审计收费取决于审计业务中审计工作的投入，而工作的投入程度又取决于注册会计师愿意接受的审计风险程度（朱敏等，2015）。通过高效地计划和执行审计工作，注册会计师确定拟执行的审计程序的性质和范围，将审计风险控制在可接受的范围之内。

基于利益相关者对企业承担社会责任行为所施加的压力，企业可能采取不同处理方式予以应对（Weaver et al.，1999），如通过自愿披露社会责任报告来回应利益相关者诉求。研究表明，企业社会责任表现和信息披露行为存在差异（Ullmann，1985），社会责任表现良好意味着企业在组织结构、处理流程和经济行为上存在着实质性的改变。然而，来自资本市场的利益诱惑，使得企业自愿披露社会责任信息的行为，更有可能源于各方利益相关者的诉求与压力（Idowu and Filho，2009）和管理层机会主义动机（朱敏等，2014）所做出的象征性、形式化的回应（Campbell，2007），甚至沦为企业业绩展示和自我表扬的工具，或者成为粉饰企业形象的公关宣传手册，而这必将影响到利益相关者与企业之间的信任关系（朱敏等，2014），致使企业与利益相关者关系恶化（Barnett，2007），企业经营风险和诉讼风险增加，而且，过度披露企业社会责任信息和过度的印象管理行为，亦会增加利益相关者对企业的风险估计，致使其要求更高的风险补偿（孟晓俊等，2010）。此时，注册会计师审计风险增加，并最终带来审计收费的增加。

我国学者的研究表明，国内规范披露带有第三方鉴证的社会责任报告的企业仍然不多，社会责任报告中更为热衷于宣扬企业在社会责任方面的功绩（黎友焕和黎少容，2008）；编制关键绩效指标计算表的企业寥寥无几；不同行业间企业社会责任信息披露重点存在差异，缺乏信息含量（杨旻，2009），社会责任报告的信息可读性及可比性质量亟待提高（薛文艳和侯姝敏，2008）。因此，即使现行的审计准则没有对企业披露的社会责任报告审计提出强制要求，注册会计师在年度财务报告审计过程中测试内部控制有效性时，仍需增加对社会责任报告编制流程的测试，防止社会责任报告中过度报告的风险，确保企业社会责任报告与财务会计报告审计结论的一致性。这将给注册会计师的审计工作带来额外的责任①，促使其增加审计风险估值和审计工作的投入，并最终影响审计收费。企业社会责任信息披露对审计收费的影响路径如图 4－1 所示。

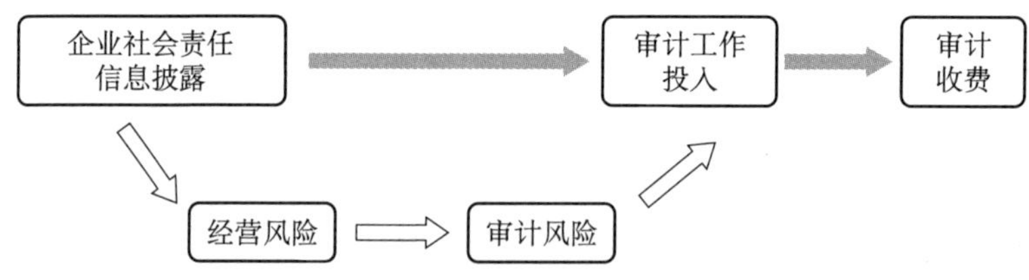

图 4－1　企业社会责任信息披露对审计收费的影响路径

基于此，本节预测，披露企业社会责任报告可能会增加注册会计师的审计风险和审计工作投入，并最终反映为审计收费的增加。据此，提出如下研究假设。

H4－3－1：在其他条件不变的情况下，社会责任信息披露与审计收费间存在正向影响关系。

---

① 注册会计师在审计过程中，不得不采取以下多种渠道了解被审计单位及其环境方面的信息，以确定被审计单位的重要性水平。第一，获取内部信息。由于企业社会责任活动及风险管理是董事会职责的重要组成部分，因此很多企业都会在董事会会议中进行讨论，注册会计师通过直接与客户企业进行沟通，查看企业会议纪要等内部文件，来获取信息（EIRIS，2009）。第二，搜集外部信息。企业社会责任信息广泛存在于公共社会（如互联网）中，随着媒体对企业社会责任问题报道的日渐增加（Luo and Bhattaharya，2006），注册会计师常常在工作底稿中将客户企业的新闻稿作为一种支持性的审计佐证（Joe，2003）。

（二）企业社会责任表现对信息披露与审计收费间关系的影响

人民网与中国公益研究院联合发布的研究报告指出，中国发布社会责任报告的机构数量近年来一直保持高速增长，但在履行社会责任方面仍然缺乏成熟的理念、科学的规划和有效的沟通。文献研究亦表明，社会责任表现较差的企业倾向于披露更多社会责任信息，以此回应来自社会舆论和政府政策方面的压力（Porter，2002；Cho and Patten，2007；Cho et al.，2012）。中国企业履行社会责任的主要推动力量为行业协会及政府主管部门，基于争夺资金和职位等稀缺资源的目的，企业管理层倾向于在社会责任表现不佳时，有选择性地大量披露正面和难以验证的描述性信息，回避可能存在负面影响的信息（沈洪涛和苏亮德，2012），通过转移利益相关者对企业负面事件的注意力，影响其对于企业未来社会责任行为的预期（张正勇，2011）。此外，帕滕（Patten，1992）的研究表明，当企业或企业所在行业面对环境污染、违反人权的公众质疑或面临法律诉讼等危机困境时，企业倾向于通过以“自我赞美式为主的信息披露行为”来尽可能减缓公众压力和负面媒体关注给企业带来的经营危机，因此，环境和社会信息披露的数量更多（赵颖和马连福，2007）。

全球报告倡议①指出，考虑到目前对社会责任报告缺少监管指导，自愿披露的社会责任报告的确可能存在很多问题，如报告的可比性和可靠性不足（Holder-Webb et al.，2009；Simnett et al.，2009）。与营销相关的研究文献也将企业社会责任信息披露作为一种战略营销手段，即通过品牌管理改善企业形象，以此增进与利益相关者的关系，尤其是客户对企业的认知（Hemingway and Maclagan，2004；Luo and Bhattacharya，2006）。更为甚者，企业管理层可能会基于机会主义动机，利用自愿性信息披露缺乏监管这一政策漏洞，通过失真或选择性信息披露，进行业绩粉饰，从而传递出与企业自身经营状况不相符的信息。

基于此，在社会责任表现较差的情况下，社会责任信息披露更有可能是为缓解来自利益相关者的压力而进行的一种管理层机会主义行为。此时，对于社会责任信息披露在处理利益相关者问题和管理未来风险方面的有效性，注册会计师倾向于持怀疑态度，进而增加审计工作投入，并最终提高审计收费。因此，综合本

① 全球报告倡议（global reporting initiative，GRI）是全球最广泛应用的CSR报告框架，是一个非盈利机构，于2011年1月31日开始官方运作，在纽约证券交易所上市。它的目的是推广CSR标准报告框架（http：//www. socialfunds. com/news/article. cgi/article3133. html）。GRI认为，通过推广CSR报告框架，可以改善不同企业CSR披露信息可比性，从而增强市场参与者对与企业可持续发展相关的风险和机会的理解（http：//www. globalreporting. org）。

节的假设 H4－3－1 以及现有文献的研究成果，提出研究假设 H4－3－2。

H4－3－2：与社会责任表现良好的企业相比，在社会责任表现较差的企业中，社会责任信息披露与审计收费间的正向影响关系更为显著。

二、研究设计

（一）样本选择与数据来源

本节选取 2009～2019 年中国沪深两市 A 股上市公司数据作为初选样本。以 2009 年作为样本选取的起点是因为，自 2009 年开始，中国证监会要求上海证券交易所“公司治理板块”的 230 家上市公司、在境外发行外资股的 50 家上市公司以及金融行业的 21 家上市公司必须随年报一起披露其社会责任报告，要求深圳证券交易所“深证 100 指数”的 100 家上市公司必须发布企业社会责任报告，并鼓励其他类型上市公司在有条件的情况下自愿披露社会责任信息。在该项政策指引下，上市公司社会责任报告披露总体数量逐年递增。而且，在强制披露社会责任报告的上市公司数量保持相对稳定的前提下，自愿披露的数量也在迅速增长。在这种形势下，研究企业进行社会责任信息披露的真实动机及可能对注册会计师审计风险带来的影响，对于政府及其监管当局而言，更具政策参考价值。

在数据方面，除企业社会责任报告发布情况由笔者手工搜集外，其他相关数据均来自 CSMAR 数据库。对于初始数据，按照如下标准进行筛选：（1）考虑到金融行业的业务特殊性，剔除该类行业的公司样本；（2）剔除存在指标数据缺失的公司样本；（3）剔除资产负债率大于 1 或总资产小于 0 的公司样本。根据上述标准，最终得到 17820 个公司年度观测值。此外，为了控制异常值对回归结果的影响，针对回归模型中涉及的连续型变量进行了 1% 和 99% 分位上的缩尾处理。

（二）变量的选择和度量

1. 被解释变量：审计收费。

参阅既有的文献研究，对公司当年境内审计费用取自然对数来度量审计收费（Lnfee）。

2. 解释变量：社会责任信息披露。

对于社会责任信息披露指标的度量，借鉴沈洪涛等（2011）的做法，企业在特定年份内进行了社会责任报告的披露，则该年度社会责任信息披露变量（CSRreport）取值为 1，否则取 0。

3. 分组调节变量：企业社会责任表现。

借鉴沈洪涛等（2011）和朱敏等（2015）的做法，企业社会责任表现的指标选用上海证券交易所于2008年5月发布的《关于加强上市公司社会责任承担工作的通知》中的每股社会贡献值来衡量，主要包括企业为股东创造的利润、上交国家税收、支付职工的薪酬、向债权人支付的利息及对外捐赠等几个部分。

4. 控制变量。

延续已有文献研究（Craswell et al.，1995、Ashbaugh et al.，2003、Hay et al.，2006），总结了影响审计收费的主要控制变量，主要包括：事务所规模（Big10）、审计意见类型（Opn）、公司规模（Size）、市值账面比（MB）、公司成长性（Growth）、资产负债率（Lev）、总资产报酬率（Roa）、应收账款率（Rec）、存货比率（Inv）、流动比率（Curr）等。此外，为了控制回归中的年度和行业固定效应，在实证回归模型中加入了年度及行业虚拟变量。变量定义的相关信息见表4－10。

表4－10　　　　变量定义与度量

变量	符号	变量名称与度量标准
被解释变量	Lnfee	审计收费
解释变量	CSRreport	企业社会责任信息披露，虚拟变量，企业当年发布社会责任报告取1，否则取0
分组调节变量	CSR	企业社会责任表现
控制变量	Big10	会计师事务所规模，虚拟变量，国内“十大”取1，否则取0
	Opn	虚拟变量，审计意见为标准无保留时取0，否则取1
	Size	公司规模，为总资产的自然对数
	Lev	资产负债率
	Roa	净利润/年末资产总额
	MB	市值账面比
	Growth	公司成长性，为本期营业收入较上期的增长率
	Rec	应收账款比率
	Inv	存货比率
	Curr	流动比率
	Loss	虚拟变量，当年年报中报告了亏损时取1，否则取0
	Year	年度虚拟变量
	Industry	行业虚拟变量

（三）实证模型

借鉴陈等（Chen et al.，2012）的实证研究，建立模型（4.3）来实证检验企业社会责任信息披露与审计收费之间的关系。

$$Lnfee_{j,t} = \beta_0 + \beta_1 CSRreport_{j,t} + \sum \gamma Controls_{j,t} + \sum Year + \sum Industry + \varepsilon_{j,t} \quad (4.3)$$

在模型（4.3）中，$Lnfee_{j,t}$为 j 公司第 t 年的审计收费；$CSRreport_{j,t}$为 j 公司第 t 年是否披露社会责任报告；$Controls_{j,t}$为模型中的相关控制变量。H4 -3 -1 意味着 $\beta_1 > 0$。进一步地，按企业社会责任表现分组检验，H4 -3 -2 意味着在社会责任表现较差的样本组中，β_1在统计上显著为正，即那些不注重履行实质性社会责任而只是象征性地披露社会责任报告的企业，注册会计师将增加对该客户企业的审计收费标准。

同时，借鉴彼得森（Petersen，2009）的统计研究方法，针对本节中所使用的短面板样本数据的特征，在回归结果中报告 t 值时，均采用公司聚类（cluster）调整的方式进行误差修正。

三、实证结果与分析

（一）单变量统计分析

1. 描述性统计。

主要变量的描述性统计结果见表 4 -11。其中，被解释变量审计收费（Lnfee）的均值为 13.63，中位数为 13.55，在总体上符合正态分布的基本统计学特征。关键解释变量企业社会责任信息披露（CSRreport）的均值为 0.291，这表明，在样本期间内平均有 29.1% 的企业披露了独立的企业社会责任报告。此外，在控制变量方面，有半数以上（58.4%）的样本企业选择了“十大”审计（Big10）；当年有 9.1% 的样本企业在年报中出现亏损（Loss）；短期偿债能力指标流动比率（Curr）中位数为 1.548，这表明半数左右的样本企业流动比率为 1.5；长期偿债能力指标中资产负债率（Lev）的均值（中位数）为 0.436（0.427）；总资产报酬率（Roa）的均值（中位数）为 0.038（0.035）。

表 4 -11　主要变量的描述性统计

变量名称	观察值	均值	标准差	25 分位数	中位数	75 分位数
Lnfee	17820	13.63	0.647	13.18	13.55	14.00
CSRreport	17820	0.291	0.454	0	0	1

续表

变量名称	观察值	均值	标准差	25 分位数	中位数	75 分位数
CSR	17820	1. 231	1. 086	0. 536	0. 968	1. 614
Big10	17820	0. 584	0. 493	0	1	1
Size	17820	22. 02	1. 306	21. 11	21. 86	22. 74
Lev	17820	0. 436	0. 217	0. 261	0. 427	0. 600
Roa	17820	0. 038	0. 092	0. 012	0. 035	0. 066
MB	17820	4. 956	28. 67	1. 891	2. 912	4. 690
Growth	17820	8. 976	1011	-0. 032	0. 107	0. 277
Loss	17820	0. 091	0. 287	0	0	0
Opn	17820	0. 033	0. 180	0	0	0
Rec	17820	0. 113	0. 105	0. 029	0. 088	0. 167
Inv	17820	0. 157	0. 149	0. 064	0. 118	0. 196
Curr	17820	2. 515	4. 576	1. 056	1. 548	2. 496

2. 相关性分析。

主要变量的皮尔逊相关性矩阵见表 4 - 12。审计收费（Lnfee）与社会责任信息披露（CSRreport）之间显著正相关，说明披露社会责任报告的企业，审计费用相对较高，结果支持了企业社会责任报告对审计收费存在正向影响的假设。除了营业收入增长率（Growth）和审计意见（Opn）这两个控制变量之外，其他控制变量均与审计收费（Lnfee）显著相关。表中各变量间相关系数绝大部分小于 0. 4，由此可见，变量之间的多重共线性问题并不严重。接下来将通过多元回归分析的方法进一步地深入检验变量之间的关系。

表 4 - 12　　主要变量的相关性分析

变量名称	Lnfee	CSRreport	Size	Lev	Roa	MB	Growth	Opn	Inv
Lnfee	1								
CSRreport	0. 295 ***	1							
Size	0. 715 ***	0. 348 ***	1						
Lev	0. 338 ***	0. 106 ***	0. 503 ***	1					
Roa	-0. 037 ***	0. 025 ***	0	-0. 258 ***	1				
MB	-0. 047 ***	-0. 034 ***	-0. 126 ***	0. 081 ***	-0. 021 ***	1			
Growth	-0. 007	-0. 005	-0. 003	0. 008	0. 001	-0. 001	1		
Opn	0. 003	-0. 031 ***	-0. 095 ***	0. 127 ***	-0. 198 ***	0. 126 ***	-0. 002	1	
Inv	0. 047 ***	0. 037 ***	0. 130 ***	0. 309 ***	-0. 051 ***	-0. 023 ***	-0. 003	-0. 029 ***	1

注：***、**、* 分别表示 1%、5%、10% 的显著性水平。

（二）企业社会责任信息披露对审计收费影响的实证检验

本节的主假设回归结果，即披露社会责任报告对审计收费可能带来的影响见表4－13。表4－13中的列（1）检验了披露社会责任报告对审计收费的影响，社会责任信息披露（CSRreport）的系数为0.046，在1%水平上显著为正（$t_{0.1}$ = 2.72），表明披露社会责任报告在一定程度上有可能会增加审计收费，这个结果支持了假设H4－3－1。在列（2）中，进一步地，增加企业社会责任表现指标作为控制变量，研究发现，社会责任信息披露与审计收费间的正向关系仍然显著存在，假设H4－3－1进一步得到验证。这表明，鉴于当前企业披露社会责任报告的质量参差不齐且披露动机多样性，注册会计师更倾向于将披露社会责任报告视作一项象征性的答复，而不是对利益相关者的实质性承诺。在其他条件不变的情况下，出于对企业经营风险和可持续发展能力的担忧，以及由此带来的审计工作量的增加，注册会计师会考虑提高审计收费，这个结果与米尔恩和帕滕（Milne and Patten，2002）、拉曼纳（Ramanna，2011）的研究结论相一致。考虑到目前国内企业社会责任报告质量的衡量标准不统一，该研究结论表明，社会责任信息披露的有效性可能受制于审计人员的职业怀疑态度。

表4－13　　假设1：社会责任信息披露对审计收费影响的回归结果

变量名称	被解释变量：Lnfee	
	（1）	（2）
CSRreport	0.046*** （2.72）	0.045*** （2.69）
CSR		0.016 （1.64）
Big10	0.097*** （7.52）	0.096*** （7.45）
Size	0.355*** （34.76）	0.350*** （32.62）
Lev	0.016 （0.36）	0.009 （0.21）
Roa	−0.003 （−0.03）	−0.055 （−0.49）
MB	0.001*** （3.05）	0.001*** （3.07）
Growth	−0.000*** （−2.80）	−0.000*** （−3.01）

续表

变量名称	被解释变量：Lnfee	
	(1)	(2)
Loss	0.052 *** (3.43)	0.061 *** (3.72)
Opn	0.193 *** (7.21)	0.196 *** (7.32)
Rec	0.204 *** (2.77)	0.195 *** (2.61)
Inv	-0.086 (-1.53)	-0.088 (-1.55)
Curr	-0.003 *** (-2.58)	-0.003 ** (-2.57)
常数项	5.491 *** (25.93)	5.604 *** (25.23)
年度	控制	控制
行业	控制	控制
公司聚类	控制	控制
观察值	17820	17820
R^2	0.606	0.607
Adj. R^2	0.605	0.606
F 值	212.502	209.080

注：括号内为 t 值；***、**、*分别表示 1%、5%、10% 的显著性水平。

此外，从模型回归结果来看，无论列（1）还是列（2）中 Adj. R^2 均超过 0.60（即 60%），这表明模型的拟合效果很好。总体而言，回归结果有力地支持了假设 H4-3-1，这表明对于形式化的企业社会责任信息披露，注册会计师会提高审计的风险评估，进而反映在更高的审计收费溢价上。

在控制变量方面，与之前的文献研究结果一致，其中，营业收入增长率（Growth）与审计收费（Lnfee）之间存在显著的负向影响关系，而会计师事务所规模（Big10）、审计意见（Opn）、公司规模（Size）、审计业务复杂程度（MB、Rec）及企业年度亏损情况（Loss）与审计收费之间均存在显著的正向影响关系。此外，短期偿债能力指标流动比率（Curr）的回归系数在 1% 的统计性水平上显著为负，这表明，企业债权人会通过债务契约对企业进行监管，从而在一定程度上降低了企业的经营风险，进而缓解注册会计师的审计风险，并最终体现为审计收费的降低。

（三）企业社会责任表现之影响效应的实证检验

披露企业社会责任报告通常被看作是管理层对企业面临公众质疑的一种回应（Idowu and Filho，2009）。达利瓦等（Dhaliwal et al.，2011）的研究表明，企业披露社会责任报告的行为更多的是出于增进与利益相关者之间关系的考虑。因此，社会责任信息披露必须由真实的社会责任表现作为支撑，否则没有信息含量。针对这一观点，在表4－14中，分别按照企业社会责任表现（CSR）的均值和中位数对样本进行分组，并分别对企业社会责任表现较好与表现较差的样本组进行线性回归分析，以便进一步检验在企业特定的社会责任表现之下，企业社会责任信息披露与注册会计师审计收费之间的关系。

表4－14　　假设2：社会责任表现对信息披露与审计收费间关系影响的回归结果

变量名称	被解释变量：Lnfee			
	企业社会责任表现的均值分组		企业社会责任表现的中位数分组	
	社会责任表现好 (1)	社会责任表现差 (2)	社会责任表现好 (3)	社会责任表现差 (4)
CSRreport	－0.002 (－0.08)	0.057*** (3.13)	0.011 (0.46)	0.058*** (2.93)
Big10	0.094*** (4.28)	0.097*** (7.07)	0.109*** (5.77)	0.088*** (5.99)
Size	0.436*** (20.95)	0.319*** (30.60)	0.423*** (23.73)	0.309*** (28.11)
Lev	－0.228** (－2.27)	0.064 (1.43)	－0.151* (－1.87)	0.087* (1.86)
Roa	－0.091 (－0.82)	－0.266*** (－2.90)	－0.038 (－0.38)	－0.296*** (－3.19)
MB	0.012*** (2.80)	0.001*** (3.07)	0.010*** (2.64)	0.001*** (3.05)
Growth	－0.000 (－1.38)	－0.000 (－0.23)	－0.000 (－1.39)	－0.000 (－0.12)
Loss	0.008 (0.16)	0.024* (1.68)	0.010 (0.23)	0.020 (1.33)
Opn	0.174*** (2.62)	0.162*** (5.99)	0.119** (2.32)	0.157*** (5.63)
Rec	0.192 (1.56)	0.218*** (2.83)	0.247** (2.27)	0.187** (2.30)

续表

变量名称	被解释变量：Lnfee			
	企业社会责任表现的均值分组		企业社会责任表现的中位数分组	
	社会责任表现好 (1)	社会责任表现差 (2)	社会责任表现好 (3)	社会责任表现差 (4)
Inv	-0.017 (-0.15)	-0.114** (-2.05)	-0.000 (-0.00)	-0.132** (-2.27)
Curr	-0.015*** (-2.71)	-0.002** (-2.30)	-0.006* (-1.66)	-0.003** (-2.37)
常数项	3.653*** (8.33)	6.270*** (28.80)	3.972*** (10.48)	6.467*** (28.13)
年度	控制	控制	控制	控制
行业	控制	控制	控制	控制
公司聚类	控制	控制	控制	控制
观察值	5964	11856	8119	9701
R^2	0.608	0.576	0.611	0.571
Adj. R^2	0.606	0.574	0.609	0.569

注：括号内为t值；***、**、*分别表示1%、5%、10%的显著性水平。

从表4-14的结果来看，在企业社会责任表现（CSR）小于均值（中位数）的列（2）和列（4）中，企业社会责任信息披露（CSRreport）的系数在1%的统计性水平上显著为正；而在企业社会责任表现（CSR）大于均值（中位数）的列（1）和列（3）中，社会责任信息披露（CSRreport）的系数不显著。这表明，在企业社会责任表现较差的样本组中，披露社会责任报告将会显著地增加审计收费；在社会责任表现较好的样本组中，披露社会责任报告与审计收费间的相关关系不显著，该结果可能揭示，虽然企业社会责任报告存在一定程度的印象管理和过度报告等问题，但在企业真正履行了社会责任的情况下，披露社会责任信息的行为不会显著增加审计风险，甚至反而会在一定程度上起到降低风险的作用。

进一步地，对不同组间社会责任信息披露（CSRreport）的系数进行了组间差异性检验。结果显示，列（1）与列（2）中，系数差异性检验的卡方值为12.68，p值为0.0004；列（3）与列（4）中，系数差异性检验的卡方值为9.49，p值为0.0021。这表明，在企业社会责任表现较差的组中，社会责任信息披露（CSRreport）的系数显著大于企业社会责任表现较好的组，即组间差异存在统计上的显著性。同时，从企业社会责任信息披露（CSRreport）系数的经济意义来看，在社会责任表现较好的组中，该项系数的绝对值均大于社会责任表现较差的组。实证结果表明，企业试图通过披露社会责任报告来粉饰其欠佳的社会责任表现，这种做法不仅难以获得利益相关者的认可，反而会加剧他们对此类企业管理层诚信的担忧。基于此，注册会计师会提高对该企业审计风险的评估，增加审计工作投入，并进而反映为审计收费的增加。因此，假设 H4-3-2 得到验证。

（四）内生性检验

在本节的研究中，企业社会责任信息披露存在一定的自选择问题，即企业的自身特征不仅会影响企业社会责任决策，还可能影响到注册会计师对该企业的审计判断。为了尽可能地减少样本自选择带来的内生性问题，在此将采用赫克曼（Heckman，1979）两阶段模型进行回归检验。

在第一阶段，参照沈洪涛（2007）和何贤杰等（2013）的研究，采用模型（4.4）对企业是否选择披露社会责任报告进行 Probit 回归并估计 inverse Mill's ratio（IMR）①。具体的回归模型为：

$$probit(CSRreport_{j,t}) = \beta_0 + \beta_1 Size_{j,t} + \beta_2 Roe_{j,t} + \beta_3 Lev_{j,t} + \beta_4 Fin_{j,t} + \beta_5 TobinQ_{j,t} + \beta_6 Transp_{j,t} + \sum Year + \sum Industry + \varepsilon_{j,t} \quad (4.4)$$

在模型（4.4）中，被解释变量企业社会责任信息披露（CSRreport）及解释变量中的公司规模（Size）、资产负债率（Lev）的定义与模型（4.3）中一致。

此外，模型（4.4）中的其他变量定义如下：净资产收益率（Roe）衡量了企业的盈利能力，为企业净利润除以年度所有者权益均值；企业的再融资需求（Fin）=（长期投资的增加+固定资产投资的增加+营运资本的增加+股利-经营活动现金流量+当期财务费用）/期末总资产；企业价值（TobinQ）衡量企业的成长性；财务报告透明度（Transp）等于企业“经行业中值调整的应计项的绝对值”，其中，应计项=（年度净利润-经营活动现金流量净额）/期初总资产。此外，模型中还加入了行业虚拟变量和年度虚拟变量，以控制回归中的行业和年度固定效应。

在第二阶段中，将第一阶段自选择模型（4.4）估计得到的 IMR 代入到模型（4.3）中作为额外的控制变量，得到模型（4.5），对模型（4.5）重新进行线性回归估计，以修正样本自选择偏误带来的内生性问题。具体模型如下：

$$Lnfee_{j,t} = \beta_0 + \beta_1 CSRreport_{j,t} + \sum \gamma Controls_{j,t} + \beta_2 IMR + \sum Year + \sum Industry + \varepsilon_{j,t} \quad (4.5)$$

---

① IMR 的计算过程请参阅赫克曼（Heckman，1979）的文献研究。

第一阶段回归的结果见表 4-15 的 Panel A。从表中可以看出，Pseudo R^2 为 0.169（即 16.9%），这表明模型（4.4）的拟合优度基本满足统计要求，回归结果可行。表 4-15 的 Panel B 部分为第二阶段的回归结果，其中，基于全样本的回归结果表明，控制了样本自选择偏差后，企业是否披露社会责任报告的行为对审计收费仍然存在显著的正向影响，这进一步验证了本节的假设 H4-3-1。按照企业社会责任表现中位数对全样本进行分组①，得到社会责任表现较好与较差的两个子样本，分别对子样本进行模型（4.5）的回归检验。实证结果亦与前面假设 H4-3-2 的回归结果保持一致，从而进一步验证了本节的假设 H4-3-2。

表 4-15　　内生性检验的回归结果

Panel A：赫克曼（1979）第一阶段回归		Panel B：赫克曼（1979）第二阶段回归			
变量名称	CSRreport	变量名称	Lnfee 全样本	Lnfee 社会责任表现好	Lnfee 社会责任表现差
Size	0.613*** (37.33)	CSRreport	0.056*** (5.96)	0.034 (1.28)	0.060** (2.43)
Roe	0.177* (1.68)	Big10	0.091*** (11.68)	0.093*** (4.49)	0.089*** (5.30)
Lev	-0.719*** (-8.45)	Size	0.407*** (23.91)	0.584*** (5.79)	0.263*** (5.68)
Fin	-0.442*** (-4.50)	Lev	-0.085*** (-2.58)	-0.369** (-2.47)	0.118 (1.49)
TobinQ	0.035*** (6.42)	Roa	-0.225** (-2.58)	-0.370 (-1.29)	-0.349** (-2.20)
Transp	-0.144*** (-2.72)	MB	0.001*** (6.74)	0.015*** (2.96)	0.000** (2.49)
常数项	-13.725*** (-37.04)	Growth	-0.000 (-1.13)	-0.000*** (-2.84)	0.000 (0.25)
年度	控制	Loss	0.008 (0.52)	-0.052 (-1.11)	0.009 (0.46)
行业	控制				
观察值	11110	Opn	0.174*** (7.34)	0.040 (0.60)	0.151*** (4.12)
Pseudo R^2	0.169				

① 表 4-15 给出了按照企业社会责任表现的中位数分组回归后的结果。此外，我们还按照企业社会责任表现的均值进行了分组检验，结果亦与主回归结果保持一致，但由于篇幅所限，并未在表 4-15 中进行报告。

续表

Panel A：赫克曼（1979）第一阶段回归		Panel B：赫克曼（1979）第二阶段回归			
变量名称	CSRreport	变量名称	Lnfee 全样本	Lnfee 社会责任表现好	Lnfee 社会责任表现差
LR chi2	2208.50	Rec	0.207 *** (4.65)	0.247 * (1.96)	0.173 * (1.75)
		Inv	-0.092 *** (-2.72)	-0.005 (-0.05)	-0.135 ** (-2.03)
		Curr	-0.003 *** (-3.14)	-0.004 (-1.50)	-0.003 ** (-2.31)
		IMR	0.106 *** (2.63)	0.393 * (1.72)	-0.129 (-1.33)
		常数项	4.769 *** (11.56)	0.404 (0.16)	8.110 *** (7.28)
		年度 & 行业	控制	控制	控制
		观察值	11089	5315	5774
		Adj. R^2	0.615	0.626	0.563
		F 值	454.98	83.245	71.460

注：Panel A 括号内为 z 值、Panel B 括号内为 t 值；***、**、* 分别表示 1%、5%、10% 的水平上显著。

（五）稳健性检验

为了保证本节前面实证研究结果的稳健性，以下从多个方面进行了测试。

1. 行业中值调整。

采用行业中值（即均值、中位数）调整的方法，对企业社会责任表现（CSR）变量进行调整，并将调整后的指标作为分组依据，重新对假设 H4-3-2 进行线性回归检验，所得结果见表 4-16。关键变量的系数与本节假设 H4-3-2 的主回归结果基本保持一致。

表 4-16　稳健性检验：行业中值调整后的回归结果

变量名称	被解释变量：Lnfee			
	按调整后指标的均值分组		按调整后指标的中位数分组	
	社会责任表现好 (1)	社会责任表现差 (2)	社会责任表现好 (3)	社会责任表现差 (4)
CSRreport	0.000 (0.00)	0.056 *** (3.11)	0.007 (0.29)	0.062 *** (3.12)
Big10	0.096 *** (4.41)	0.095 *** (6.93)	0.112 *** (6.00)	0.083 *** (5.67)

续表

变量名称	被解释变量：Lnfee			
	按调整后指标的均值分组		按调整后指标的中位数分组	
	社会责任表现好 (1)	社会责任表现差 (2)	社会责任表现好 (3)	社会责任表现差 (4)
Size	0.427*** (21.84)	0.322*** (30.63)	0.416*** (24.73)	0.312*** (27.46)
Lev	-0.211** (-2.14)	0.063 (1.42)	-0.131* (-1.67)	0.085* (1.83)
Roa	-0.067 (-0.61)	-0.261*** (-2.87)	0.036 (0.47)	-0.318*** (-3.42)
MB	0.010** (2.44)	0.001*** (3.08)	0.006*** (2.83)	0.001*** (3.07)
Growth	-0.000 (-1.46)	-0.000 (-0.16)	-0.000 (-1.38)	-0.000 (-0.13)
Loss	-0.008 (-0.14)	0.027* (1.82)	0.044 (0.99)	0.014 (0.95)
Opn	0.168** (2.43)	0.164*** (6.12)	0.132*** (2.60)	0.159*** (5.71)
Rec	0.144 (1.16)	0.240*** (3.15)	0.232** (2.07)	0.196** (2.48)
Inv	-0.052 (-0.47)	-0.095* (-1.69)	-0.029 (-0.31)	-0.107* (-1.80)
Curr	-0.015*** (-2.88)	-0.002** (-2.17)	0.006* (-1.67)	-0.002** (-2.26)
常数项	3.971*** (9.73)	6.207*** (28.10)	4.215*** (12.04)	6.389*** (26.57)
年度	控制	控制	控制	控制
行业	控制	控制	控制	控制
公司聚类	控制	控制	控制	控制
观察值	5995	11825	8172	9648
R^2	0.610	0.577	0.609	0.575
Adj. R^2	0.607	0.576	0.607	0.574

注：括号内为t值；***、**、*分别表示1%、5%、10%的水平上显著。

2. 变量替换。

对于注册会计师规模和质量指标，除了本节中采用的国内“十大”指标（Big10）之外，还尝试将国际“四大”指标（Big4）代入回归模型进行替换研究，最终研究结果基本一致。此外，对于业绩指标，本节的回归模型中采用的是总资产报酬率（Roa），在此采用净资产收益率（包括常规计算的值和使用剔除非经常性损益后的净利润所计算的值）指标来进行替换，总的来说，对回归结果影响不大。

四、进一步研究

（一）企业所有权性质的影响

在我国现阶段的市场经济环境中，国有企业与非国有企业并存，所有权性质的不同决定了企业不同的公司特征及风格迥异的激励约束机制。企业社会责任报告的兴起主要是行政引导和企业寻租的结果，国有企业和非国有企业在寻租动机和寻租成本之间的差异导致企业进行社会责任报告披露时的不同行为及决策（黎文靖，2012）。国有企业由于其深厚的政治背景，在大力进行实质性社会责任的履行之后，倾向于更充分完备地披露社会责任报告，其社会责任报告的内容更丰富、形式更规范，能达到企业信息披露的最优水平。非国有企业有着更为强烈的为追求价值增值的经济动机，其社会责任信息披露更多地是一种成本效益的权衡。较之国有企业而言，报告的内容和形式存在一定的随意性，社会责任承担较好的部分在表述上浓墨重彩，存在不足或未采取有效措施履行责任的部分，就含糊地一笔带过甚至只字不提。通过报喜不报忧的选择性披露，误导利益相关者对企业真实社会责任状况的认知（陈政，2007）。因此，相较于国有企业，非国有企业不规范的社会责任报告将给注册会计师带来额外的责任，注册会计师不得不提高风险评估水平，增加审计工作量，进而提高审计收费。

因此，本部分预期，与国有企业相比，非国有企业社会责任信息披露与审计收费间的正向影响关系更显著。

在实证检验中，分别用国有企业和非国有企业两个子样本对模型（4.3）进行回归，以验证在不同所有权性质下，社会责任信息披露对审计收费的影响情况是否存在差异，结果见表4－17。在列（2）和列（4）的非国有企业样本组中，社会责任信息披露（CSRreport）的系数分别为0.062和0.060，均在1%的统计性水平上显著为正（$t_{0.01}=2.93$，2.82）。在列（1）和列（3）的国有企业样本组中，社会责任信息披露（CSRreport）的系数为正但不具有统计上的显著性。上述实证结果表明，相对于国有企业而言，社会责任信息披露与审计收费间的正向影响关系在非国有企业中更为显著，这印证了之前的分析预期。

表 4－17　　进一步研究 1：企业所有权性质影响的回归结果

变量名称	被解释变量：Lnfee			
	国有企业 (1)	非国有企业 (2)	国有企业 (3)	非国有企业 (4)
CSRreport	0.031 (1.18)	0.062 *** (2.93)	0.031 (1.18)	0.060 *** (2.82)
CSR			0.000 (0.01)	0.044 *** (3.28)
Big10	0.098 *** (4.79)	0.090 *** (5.57)	0.098 *** (4.80)	0.086 *** (5.28)
Size	0.397 *** (24.84)	0.330 *** (27.19)	0.397 *** (23.66)	0.316 *** (24.76)
Lev	-0.134 * (-1.74)	0.157 *** (2.91)	-0.134 * (-1.71)	0.150 *** (2.77)
Roa	-0.183 (-1.03)	0.034 (0.42)	-0.183 (-0.97)	-0.067 (-0.57)
MB	0.001 ** (2.36)	0.001 ** (2.38)	0.001 ** (2.36)	0.001 ** (2.41)
Growth	-0.000 ** (-2.36)	-0.000 *** (-6.25)	-0.000 ** (-2.29)	-0.000 *** (-7.38)
Loss	-0.005 (-0.22)	0.090 *** (5.23)	-0.005 (-0.22)	0.111 *** (5.73)
Opn	0.171 *** (3.56)	0.176 *** (5.88)	0.171 *** (3.56)	0.184 *** (6.12)
Rec	0.414 *** (3.01)	0.056 (0.65)	0.414 *** (3.00)	0.021 (0.24)
Inv	0.020 (0.21)	-0.143 ** (-2.12)	0.020 (0.21)	-0.147 ** (-2.19)
Curr	-0.009 * (-1.79)	-0.002 ** (-2.01)	-0.009 * (-1.79)	-0.002 * (-1.93)
常数项	4.679 *** (14.05)	5.987 *** (23.71)	4.680 *** (13.33)	6.276 *** (23.80)
年度 & 行业	控制	控制	控制	控制
公司聚类	控制	控制	控制	控制
观察值	7757	10063	7757	10063
R^2	0.636	0.591	0.636	0.594
Adj. R^2	0.634	0.590	0.634	0.592
F 值	140.108	128.693	136.800	125.980

注：括号内为 t 值；***、**、* 分别表示 1%、5%、10% 的水平上显著。

（二）行业环境污染程度的影响

近年来，随着经济的持续增长、工业化进程的加快，生物多样性逐渐消失、荒漠化加剧及自然灾害频发等环境问题日益凸现①。如何在经济发展与环境保护间寻求平衡，是当前政府、社会和企业共同关心的问题（郑若娟，2013）。研究表明，当企业或企业所在行业面对环境污染、法律诉讼等危机困境时，会倾向于更多地披露环境和社会责任方面的信息（Deegan et al.，2002），此时，企业披露有关环境信息和社会责任信息的行为是为了获得经营合法权（Grayet et al.，1995）。对于重污染行业的企业而言，这种情况尤为明显。这是因为，该类企业在生产经营过程中面临着内外双重压力：一方面，出于行业内部生产经营方式的特殊性，对环境造成的污染程度更高，企业不得不加大环境保护方面的投资（如安装环境保护设备、对当地社区进行经济上的补偿等措施），承担较大的维护和改善环境的受托责任（王建明，2008）；另一方面，来自外部政府监管部门、媒体及公众舆论的压力，如媒体会通过解读相应的法律法规来引导公众舆论，通过评价企业的市场行为来对企业施加舆论压力（毕茜等，2012），并通过对重大环境事故进行深入地报道，引导公众和政府部门的关注，而这可能给企业带来相应的行政处罚（肖华和张国清，2008）。

因此，重污染企业不得不遵循相应的法律法规，满足强制性的环境信息披露制度要求（吴德军，2011；唐国平等，2013），以提高企业环境信息披露水平（周一虹等，2006），进而使企业呈现出环境信息披露水平较高、数量增长、独立报告和年度报告并存的局面（沈洪涛和李余晓璐，2010）。

总的来说，重污染行业的企业在披露环境与社会责任方面的信息时，与实际承担的社会责任之间的差异相对较小。而非重污染行业的企业所面临的政府监管制度压力较小，如文化传播行业和批发零售行业的环境法规数量就较少（王建明，2008），此类企业披露环境和社会责任信息时，极易夸大其所履行的社会责任，以达到进行印象管理、提高企业声誉的目的。此时，注册会计师在执行审计程序时，必将提高其风险评估水平，并执行相应的风险应对审计程序，从而带来审计成本的上升，并伴随着审计收费的增加。

因此，本部分预期，与环境污染程度较高的行业相比，在污染程度较低的行业中，企业社会责任信息披露与审计收费间的正向关系更为显著。

---

① 约翰内斯堡可持续发展申明［EB/OL］. http://www.acca21.org.cn/local/experi/syqhis/gjsussm.htm，2002.

参考黄珺和周春娜（2012）的做法，将全样本划分为重污染行业①企业和非重污染行业企业两个子样本，并分别用分组后的子样本对模型（4.3）进行回归分析，以验证在环境污染程度不同的行业中，企业社会责任信息披露对审计收费的影响是否存在差异，结果见表4－18。在列（2）和列（4）的样本组中，企业社会责任信息披露（CSRreport）的系数分别为0.051和0.050，且均在1%的统计水平上显著为正（$t_{0.01}=6.36$，6.24）。在列（1）和列（3）的样本组中，企业社会责任信息披露（CSRreport）的系数为正但不显著。这表明，相较于环境污染程度较高的行业，在污染程度较低的行业中，企业披露社会责任报告的行为与审计收费之间的正向影响关系更为显著，该结论印证了预期假设。

表4－18　　进一步研究2：行业环境污染程度影响的回归结果

变量名称	被解释变量：Lnfee			
	重污染行业 （1）	非重污染行业 （2）	重污染行业 （3）	非重污染行业 （4）
CSRreport	0.031 （1.28）	0.051*** （6.36）	0.031 （1.28）	0.050*** （6.24）
CSR			0.004 （0.31）	0.028*** （7.17）
Big10	0.107*** （4.80）	0.092*** （14.02）	0.107*** （4.79）	0.091*** （13.75）
Size	0.360*** （32.35）	0.350*** （98.21）	0.359*** （31.18）	0.341*** （89.69）
Lev	－0.138* （－1.89）	0.027 （1.25）	－0.140* （－1.90）	0.014 （0.68）
Roa	－0.699*** （－3.88）	0.049 （1.23）	－0.715*** （－3.82）	－0.041 （－0.99）
MB	0.003** （2.01）	0.001*** （7.27）	0.003** （2.01）	0.001*** （7.19）
Growth	0.005 （1.49）	－0.000 （－0.69）	0.004 （1.46）	－0.000 （－0.81）
Loss	－0.008 （－0.19）	0.052*** （4.23）	－0.007 （－0.16）	0.067*** （5.36）

① 参照黄珺和周春娜（2012）的划分标准，本节中重污染行业主要包括采掘业（B），制造业（C），电力、煤气及水生产和供应业（D）三大行业门类，其中，制造业（C）主要包括七个行业子类：食品饮料（C_0）；纺织服装（C1）；木材家具（C2）；造纸印刷（C3）；石油、化学、塑胶及塑料（C4）；金属及非金属（C6）；医药和生物制品（C8）。

续表

变量名称	被解释变量：Lnfee			
	重污染行业 (1)	非重污染行业 (2)	重污染行业 (3)	非重污染行业 (4)
Opn	0.196*** (2.84)	0.191*** (10.60)	0.197*** (2.85)	0.197*** (10.93)
Rec	0.309** (1.99)	0.048 (1.49)	0.307** (1.98)	0.028 (0.88)
Inv	0.601*** (5.78)	-0.154*** (-6.86)	0.603*** (5.79)	-0.151*** (-6.75)
Curr	-0.010*** (-2.90)	-0.004*** (-4.30)	-0.010*** (-2.88)	-0.004*** (-4.28)
常数项	5.299*** (22.31)	5.561*** (75.24)	5.316*** (21.81)	5.749*** (73.42)
年度 & 行业	控制	控制	控制	控制
观察值	1449	16371	1449	16371
R^2	0.631	0.591	0.631	0.592
Adj. R^2	0.626	0.590	0.625	0.592
F 值	110.968	1072.907	106.080	1031.657

注：括号内为 t 值；***、**、* 分别表示 1%、5%、10% 的水平上显著。

（三）地区市场化程度的影响

我国是一个在疆域和人口双重意义上的大国（王永钦等，2007），各地的发展很不平衡。市场化进程在东南沿海省份已经取得了决定性的发展，而在另一些省份中，经济中的非市场因素却占有十分重要的地位，市场化进程的差异导致了我国制度环境在地区上存在着差异（樊纲等，2006）。市场化程度较高的地区，法律制度更为完善，盈余更少被操纵，披露信息的价值相关性较高（Leuz et al.，2003），对投资者的保护更好，公司的财务透明度更高（Bushman et al.，2004）。在市场化程度较低的地区，法律制度不够完善，各类环境污染等对社会不负责任的事件频繁发生却得不到相应的惩罚，企业没有履行社会责任的动力。而且，在要素配置扭曲的市场上，企业管理者可能不遵循相关法规的规定去支付额外的加班工资、不顾及员工的生产安全（李正等，2013），有政治关联的企业更容易获得地方政府的财政补贴（余明桂等，2010）。此外，依据著名经济学家阿克罗夫（Akerlof，1970）所提出的旧车市场经典案例——信息不对称会带来逆向选择问题，在市场化程度较低的地区，地区的信任度较低（张维迎和柯荣住，2002），企业更有可能出于减少声誉损失的考虑，通过披露社会责任报告来转移公众对企业不当行为或者内在社会责任缺失的关注（Koehn and Ueng，2010；高勇强等，2012）。因此，注册会计师在进行常规年报审计时，不仅要增加对社会责任信息披露的审计，而且要考虑客户企业管理层因诚信缺失所导致的审计风险的增加，这将大大增加审计工作投入，并最终拉高审计收费。

因此，本部分预期，与市场化程度较高的地区相比，在市场化程度较低的地区中，企业社会责任信息披露与审计收费间的正向影响关系更显著。

参考朱松和陈关亭（2012）、邢立全和陈汉文（2013）的研究做法，设置企业所在地市场化程度变量，该变量为一个虚拟变量，当企业注册地在北京、上海、广东、天津、重庆、江苏、浙江时，变量取值为1，否则取0。依据此变量对样本进行分组，得到市场化程度高和市场化程度低两个子样本，分别用分组样本对模型（4.3）进行回归，验证在市场化程度不同的地区中，企业社会责任信息披露对审计收费的影响是否存在差异，结果见表4－19。在列（2）和列（4）的样本组中，企业社会责任信息披露（CSRreport）的系数分别为0.057和0.056，且都在5%的统计水平上显著为正（$t_{0.05}=2.45$，2.42）。在列（1）和列（3）的样本组中，企业社会责任信息披露（CSRreport）的系数为正但不显著。这表明，相对于市场化程度较高的地区，在市场化程度较低的地区中，企业披露社会责任报告的行为与审计收费之间具有显著的正向影响关系，这印证了预期。

表4－19　　进一步研究3：地区市场化程度影响的回归结果

变量名称	被解释变量：Lnfee			
	市场化程度高的地区 （1）	市场化程度低的地区 （2）	市场化程度高的地区 （3）	市场化程度低的地区 （4）
CSRreport	0.031 （1.33）	0.057** （2.45）	0.031 （1.31）	0.056** （2.42）
CSR	–	–	0.015 （1.18）	0.021 （1.51）
Big10	0.120*** （6.63）	0.045** （2.55）	0.119*** （6.57）	0.043** （2.49）
Size	0.383*** （24.91）	0.335*** （26.03）	0.378*** （23.61）	0.328*** （23.56）

续表

变量名称	被解释变量：Lnfee			
	市场化程度高的地区 (1)	市场化程度低的地区 (2)	市场化程度高的地区 (3)	市场化程度低的地区 (4)
Lev	0. 021 (0. 33)	0. 067 (1. 03)	0. 016 (0. 25)	0. 055 (0. 85)
Roa	0. 062 (0. 93)	−0. 225 ** (−2. 06)	0. 026 (0. 32)	−0. 339 *** (−2. 77)
MB	0. 003 *** (4. 65)	0. 001 *** (3. 22)	0. 003 *** (4. 62)	0. 001 *** (3. 28)
Growth	−0. 000 *** (−4. 29)	−0. 000 *** (−4. 20)	−0. 000 *** (−4. 27)	−0. 000 *** (−4. 57)
Loss	0. 079 *** (3. 80)	0. 024 (1. 29)	0. 088 *** (3. 99)	0. 030 (1. 59)
Opn	0. 162 *** (4. 14)	0. 188 *** (5. 33)	0. 166 *** (4. 23)	0. 191 *** (5. 41)
Rec	0. 123 (1. 26)	0. 122 (1. 08)	0. 109 (1. 12)	0. 115 (1. 01)
Inv	−0. 045 (−0. 58)	−0. 124 (−1. 53)	−0. 047 (−0. 62)	−0. 125 (−1. 55)
Curr	−0. 004 *** (−2. 74)	−0. 003 (−1. 07)	−0. 004 *** (−2. 74)	−0. 003 (−1. 04)
常数项	4. 917 *** (14. 97)	5. 933 *** (22. 70)	5. 026 *** (14. 69)	6. 073 *** (21. 46)
年度 & 行业	控制	控制	控制	控制
公司聚类	控制	控制	控制	控制
观察值	8980	8840	8980	8840
R^2	0. 628	0. 608	0. 629	0. 609
Adj. R^2	0. 627	0. 606	0. 627	0. 607

注：括号内为 t 值；*** 、** 、* 分别表示 1% 、5% 、10% 的水平上显著。

五、研究结论

在尚未达到半强势有效的资本市场中，有效的信息披露可以提高企业的信息透明度，降低道德风险和逆向选择。然而，在信息监管政策缺失的情况下，信息披露却可能沦为企业管理层私利动机下粉饰经营业绩的工具，此时其所能发挥的作用必将大打折扣。在我国，企业社会责任报告作为一项以自愿性披露为主的重要非财务信息，其信息披露行为可能源于企业管理层与利益相关者博弈的内生决策机制。因此，结合我国特有的制度背景和地区发展情况，有针对性地结合企业社会责任行为动机分析的结果对社会责任信息披露的经济后果展开研究，具有重要的理论意义和现实意义。

本节实证检验了企业披露社会责任信息对注册会计师审计收费的影响，以及企业社会责任表现对上述关系的影响效应，进而考察所有权性质、行业污染性及地区发展程度的影响效应。研究发现：社会责任信息披露对注册会计师审计收费存在显著的正向影响；企业在社会责任表现不佳的情况下所进行的社会责任信息披露，带有明显的管理层机会主义动机，而这会显著增加注册会计师对企业未来风险的评估及持续经营能力的质疑，最终体现为审计收费的溢价；在政策监管相对薄弱的非国有企业、受大众舆论关注较少的非重污染行业企业及处于市场化程度较低地区的企业中，社会责任信息披露对注册会计师审计收费的正向影响更为显著。

本节的研究贡献表现为：首先，通过关注社会责任信息披露影响注册会计师审计的作用机理，并考察企业社会责任表现在其中发挥的作用，克服了现有文献将社会责任表现及信息披露割裂或合并进行研究的缺陷。其次，现有文献多关注于企业财务会计报告审计鉴证的研究，并试图探讨企业社会责任报告的鉴证业务，而本节探讨的是社会责任信息披露对注册会计师财务会计报告审计工作可能带来的影响，在信息披露、管理层诚信、企业风险评估及注册会计师审计之间建立联系，一定程度上拓展了现有企业社会责任审计的规范性研究范式，有助于政府相关部门进一步完善审计准则的修订。最后，本节的研究立足于中国特殊的制度背景，深入考察企业的所有权性质、行业的环境污染程度及地区市场化程度的影响效应，研究思路跨越“微观—中观—宏观”层面，研究结论具有一定的学术参考价值和现实指导意义。

第四节　企业社会责任与资本市场定价效率

资本市场通过股票价格的信号传递作用来达到资源优化配置的目的，在强势有效的证券市场中，价格能引导稀缺的资本实现其最大的回报，而这取决于价格对于企业基本面信息的反应能力（黄俊和郭照蕊，2014）。企业社会责任支持者认为，社会责任投资（socially responsible investing，SRI）的增长恰恰表明，企业社会责任可以带来企业的长期利润增长，因为对社会负责任的企业对投资者而言更具吸引力（Heal and Geoffrey，2005），这意味着企业社会责任与其在资本市场中所处的地位及企业的股价表现之间存在着某种必然的联系。基于此，自然衍生出的一个重要问题是，企业社会责任究竟如何影响资本市场的资源配置效率及股票价格的走势呢？为了回答这个问题，本节基于中国这个新兴市场国家的制度背景，从资本市场中企业股票价格崩盘风险这一独特的研究视角入手，在资本市场非对称风险的研究框架下，分析企业社会责任的经济后果，深入探讨企业社会责任对资本市场资源配置效率的影响及股价异动情况的抑制效应。本节的研究给加强资本市场会计信息披露和监管，完善信息传递的作用机制等提供了理论上的启示，对缓解当前资本市场中股价同涨同跌的大幅波动、抑制极端股价崩盘风险的发生、稳定金融市场秩序有着一定的借鉴作用。

一、概述

自20世纪以来，全球股票市场经历了多次股价崩盘①，严重影响到资本市场的健康发展，危及各主体国家的金融稳定。因此，长期以来，股价崩盘的议题受到监管者、投资者和学术界的高度关注（朱敏和周磊，2014）。作为收益分布的重要特征之一，与以往聚焦于股票业绩和公司风险不同，股价崩盘风险关注的是收益分布条件偏态。作为收益分布的重要统计学特征之一，股票收益分布的条件偏态是一个价格因素（Harvey and Siddique，2000），因此，参考陈等（Chen et al.，2001）的做法，笔者将股价崩盘风险定义为企业收益分布上的条件偏态②。股票价格发生崩盘的风险与投资组合理论、资产定价模型及期权定价模型相关，不同于对称波动的风险，它无法通过分散投资被缓解（Sunder，2012）。由于崩盘风险可以捕捉收益分布风险中的非对称性，尤其是跌价风险，而投资者对于有着较高负偏态的股票会要求更高的期望收益作为接受该风险所获的补偿。因此，

① 如1929年美国股市大崩盘、1987年美国股市暴跌、1989年日本股市泡沫破裂、1997～1998年亚洲金融危机、2000～2001年美国NASDAQ泡沫破裂以及2008年全球性金融海啸（陈国进等，2008）。

② 陈等（Chen et al.，2001）在研究中指出（p. 348）："Thus，when we speak of 'forecasting crashes' in the title of the paper，we are adopting a narrow and euphemistic definition of the word 'crashes，' associating it solely with the conditional skewness of the return distribution；we are not in the business of forecasting negative expected returns." 陈教授在研究中指出这个定义源于贝茨（Bates，1991），后者曾使用条件偏态（源自期权市场的推论）来度量股票市场崩盘的预期。

研究股价崩盘风险预期概率在股票投资决策和风险管理领域有着至关重要的作用。近年来，国内资本市场股价的动荡进一步表明，股价崩盘风险预期对于投资者决策而言的重要性。基于此，本节试图检验在降低公司特有股价崩盘风险方面企业社会责任所发挥的作用。

基于考察企业社会责任与股价崩盘风险间的关系，本节对企业社会责任业绩与未来股价崩盘风险间关系进行了实证检验。参考已有的文献研究（Chen et al.，2001；Kim et al.，2011a、2011b；许年行等，2012；Kim and Zhang，2016），采用公司周特有收益的负偏态和股票收益的非对称性波动来测算企业特有股价崩盘风险。使用中国沪深交易所 A 股上市公司的大样本数据，研究发现，在企业社会责任与未来股价崩盘风险间存在显著的倒 U 型曲线关系。出于稳健性的考虑，在本节的模型研究中，还控制了已有文献中涉及的影响未来股价崩盘风险的其他因素，如投资者意见分歧度、公司规模、会计透明度等。为了降低内生性问题的影响，本节在设置实证模型的解释变量时使用了当期企业社会责任表现值，而被解释变量则使用了未来一期的股价崩盘风险，这种做法很好地缓解了实证研究中反向因果的内生性问题。此外，本节还尝试使用赫克曼（Heckman，1979）两阶段模型进行内生性检验。检验的结果表明，本节主假设的研究结论依然成立。进一步地，本节还检验了公司治理机制、企业所有权性质及地区发展程度对企业社会责任与未来股价崩盘风险之间关系的影响。研究发现，在公司治理效率较高的企业、国有股权性质占主导的企业及处于经济发达地区的企业中，企业社会责任与未来股价崩盘风险间的倒 U 型非线性影响关系更为显著。

二、文献综述与研究假设

本节致力于研究在影响股价崩盘风险方面企业社会责任所能发挥的作用。本节的前期文献研究基础主要包括对于公司特有股价崩盘风险的预测以及对于企业社会责任与财务报告透明度间关系的探讨。

众所周知，股票收益的分配多表现为一种负向的单侧条件偏态，即剧烈的股价下跌（甚至是股价崩盘）比大幅的股价上涨来得更为常见（Chen et al.，2001；Hong and Stein，2003）。文献研究表明，股价崩盘风险的一个突出表现是在信息不对称的情况下，企业管理层存在自利性捂盘的行为倾向（权小锋等，2015），即存在向投资者隐瞒坏消息的管理层机会主义行为动机（Jin and Myers，2006；Hutton et al.，2009）。管理层可能出于自身职业生涯和薪酬的考虑向投资者隐瞒坏消息，然而企业对坏信息的容纳存在一个上限，当坏消息不断累积达到一个临界点时，无法继续隐藏，所有的坏消息突发并集中释放，必将对股价造成巨大的负面冲击，最终引发股价大跌甚至崩盘（Jin and Myers，2006；Hutton et al.，2009）。支持这种观点的实证证据表明，财务会计报告不透明、公司税收规避、高管股权激励以及由此带来的分析师预测偏差均可能导致公司特有股价崩盘风险的增加（Hutton et al.，2009；朱敏和周磊，2014；Kim and Zhang，2016）。

文献研究表明，财务报告透明度是公司经历极端负向股票收益可能性的卓越预测器，财务报告高度不透明的股票更有可能存在股价崩盘的风险（Jin and Myers，2006）。以盈余管理指标作为财务报告透明度代理变量的研究表明，在企业财务会计报告不透明度和股价崩盘风险之间存在正相关关系（Hutton et al.，2009）。此后的实证研究发现，公司税收规避和高管股权激励等可能引起财务报告不透明的因素，对未来股价崩盘风险具有统计水平上显著的影响力（Kim et al.，2011a；2011b）。上述研究结果均表明，信息不透明公司中的管理层有动机囤积坏消息，坏信息不断累积达到无法再被囤积的临界点时将会被瞬间公之于众，并带来利益相关者的恐慌进而引起股价下跌的羊群效应，最终导致股价崩盘。

那么，企业履行社会责任的行为究竟会使得财务报告更透明，还是会沦为管理层政治寻租的工具、与更低水平的透明度相关呢？对此不同的学者持有不同的观点，其中，企业社会责任“道德论”的支持者们认为，企业是出于对利益相关者利益的考虑而积极履行社会责任活动，因此，社会责任表现越好的企业，管理层的伦理道德标准必然越高，越倾向于诚信经营，隐藏坏消息的管理层机会主义行为动机得到抑制，因此对财务会计及报告信息披露的透明度产生正向的影响作用，即企业社会责任与股价崩盘风险间存在负向影响关系。有代表性的是金教授研究团队的研究发现，社会责任履行情况较好的企业会对财务报告更为负责，无论是应计制还是真实活动的盈余管理行为都更少，即表现出较少的盈余管理迹象，这表明公司的更高道德标准承诺对会计信息质量产生着积极的影响（Kim and Zhang，2016）。此外，研究发现，承担社会责任活动较多的企业披露的财务信息更多（Gelb and Strawser，2001）。而国内关于企业社会责任与股价崩盘风险间影响关系的研究兴起于2015年之后，其中，陶春华等（2015）沿着“企业社会责任—财务报告透明度—股价崩盘风险”的思路进行研究发现，企业社会责任能够提高企业财务报告透明度进而减小股价崩盘风险。在全面履行社会责任实践的过程中，增加信息披露是社会责任表现的一种形式。如果企业有着更好的企业社会责任文化并在财务报告上保持着同样高水平的道德标准，那么，它们的财务报告透明度必将处于更高的水平，并且不太可能对投资者隐瞒坏消息。因此，若从企业社会责任"道德论"的角度出发，那么，企业社会责任履行情况较好的企业，其财务报告的透明度必将更高，此时，未来股价崩盘风险更低。

然而，企业社会责任对企业经营管理及股价波动的影响效应，往往呈现出"双刃剑"的作用。现存的文献研究中有学者从代理成本的角度出发，对从事企业社会责任的管理动机提出"工具论"的负向观点（Friedman，1970；Jensen and Meckling，1976；McWilliams et al.，2006）。实证研究发现，企业社会责任活动可能与更低的信息透明度和可靠性差的会计信息相关。企业承担社会责任的行为可能表现为一种代理问题（Friedman，1970）。管理层可能将企业社会责任视为政治寻租的工具之一，倾向于投机性地使用企业社会责任来促进自身事业发展或达到其他个人目的。显然，将企业社会责任作为寻租手段的管理层缺乏保持透明的信息环境的动机。企业社会责任的履责动机之一是为了掩盖企业的不当行为（Hemingway and Maclagan，2004）。通过使用将企业社会责任作为声誉保险的方式，企业可以转移股东的视线和对其不当行为的审查。如美国的能源巨头安然公司曾是广受推崇的企业社会责任运动典范，它曾因关注环境和社会公益事业而赢得数项国家级大奖，然而，与此同时却因从事大量会计舞弊在2001年破产（Bradley，2009）。近年来在国内关于该领域的研究中，高勇强等（2012）基于中国民营企业慈善捐赠数据的实证研究结果与上述观点不谋而合，即中国民营企业社会责任动机更多地表现为"工具性"的"绿领巾"而非"红领巾"（高勇强等，2012；权小锋等，2015）。与此同时，一些文献研究发现，在企业社会责任与盈余管理之间存在正向关系，企业倾向于借助慈善项目的实施战略性实现利润目标（Petrovits，2006；Prior et al.，2008；朱敏等，2014）。如果企业基于管理层捂盘的目的，将社会责任作为一种管理工具来掩盖坏消息和转移投资者的关注（权小锋等，2015），那么，履行企业社会责任将会导致更高（而不是更低）的未来股价崩盘风险。

从上述研究结果来看，现有文献研究在企业社会责任对股价崩盘风险的影响方面的共识并未达成一致。现有文献表明，企业履行社会责任的不同动机存在时机选择（王新等，2015），在不同的境况下，社会责任动机的“道德论”和“工具论”都可能存在，只是适用的时间和企业环境存在差异。当企业较少履行社会责任时，由于履行社会责任导致成本增加，股东会对管理层施压，以保障自身利益，此时管理层不得不尽量选择战略性的慈善项目，并期望社会责任行为能为企业带来价值提升，在这种情境下履行的企业社会责任，功利性较强，社会责任的“工具性”目的较明显，信息环境的透明度难以保证。此时，企业社会责任对股价崩盘风险会产生正向影响。然而，随着企业越来越多地投身于社会责任活动，声誉资本逐渐积累，达到平台期后，将会出现一个临界点（或称之为拐点），此时，良好的社会责任公众形象已被广大的利益相关者熟知和接受，并带来企业价值的提升。在这样的情境下，股东与管理层之间呈现出良性互动关系，企业股东将不再因社会责任的履行问题对企业管理层施压或责难，而管理层更倾向于企业社会责任履行的“道德论”，本着诚信经营的原则，更多地注重和迎合以股东为首的利益相关者利益，此时企业信息环境得到改善，这必将带来股价崩盘风险的降低。因此，本节基于择时理论的考虑，将现有文献研究得出的对立结论进行综合，提出如下假设。

H4－4－1：企业社会责任与未来股价崩盘风险之间呈显著的倒 U 型非线性影响关系。

三、研究设计

（一）样本来源与数据选择

本节以中国沪深交易所 2000～2019 年 A 股上市公司数据作为初选样本，参考现有的文献研究，本节的模型设置中被解释变量需采用超前一期的数据，因此本节使用的样本数据实际时间跨度为 2000～2018 年。实证研究数据均来自深圳国泰安信息技术有限公司设计开发的 CSMAR 数据库。对于研究样本，按照如下标准进行了筛选：（1）考虑到金融行业的特殊性，剔除金融类公司样本；（2）保留仅发行 A 股的公司样本；（3）仅保留正常经营的公司，剔除存在 ST 或 PT 的公司样本；（4）仅保留资产负债情况正常的公司，剔除资产负债率大于 1 的公司样本；（5）剔除存在变量数据缺失的公司样本。基于上述标准筛选，最终得到 8837 个有效的公司—年度观察值。此外，对于连续性变量进行 1% 和 99% 分位数的缩尾处理。

（二）指标度量

1. 被解释变量：股价崩盘风险度量指标。

参考之前文献的研究方法（Chen et al.，2001；Kim et al.，2011a、2011b；许年行等，2012；施先旺等，2014；朱敏和周磊，2014），使用如下两种方法来分别度量上市公司的股价崩盘风险，具体方法如下。

首先，使用上市公司的股票周收益率数据对模型（4.6）进行回归分析：

$$R_{j,t} = \alpha_j + \beta_1 R_{m,t-2} + \beta_2 R_{m,t-1} + \beta_3 R_{m,t} + \beta_4 R_{m,t+1} + \beta_5 R_{m,t+2} + \varepsilon_{j,t} \quad (4.6)$$

在模型（4.6）中，$R_{j,t}$表示在第 t 周上市公司股票 j 考虑现金红利再投资的收益率，$R_{m,t}$表示资本市场所有股票在第 t 周使用流通市值加权的平均收益率，同时，在模型（4.6）中加入市场收益率的滞后项和超前项来调整股票异步性交易带来的影响（Dimson，1979）。将上市公司股票 j 第 t 周公司特有收益率 $W_{j,t}$定义为 $\ln(1+\varepsilon_{j,t})$，其中 $\varepsilon_{j,t}$为模型（4.6）回归的残差。然后，基于 $W_{j,t}$构建以下两个变量来度量股价崩盘风险。

第一，收益的负偏态系数（NCSKEW）：

$$NCSKEW_{j,t} = -\left[n(n-1)^{3/2}\sum W_{j,t}^3\right] / \left[(n-1)(n-2)\left(\sum W_{j,t}^2\right)^{3/2}\right] \quad (4.7)$$

在模型（4.7）中，n 表示一年中股票 j 的交易周数，该收益的负偏态系数（NCSKEW）的数值越大，表示该股票价格崩盘风险越大。

第二，收益上下波动比率（DUVOL）：

$$DUVOL_{j,t} = \log\left\{\left[(n_u - 1)\sum_{DOWN} W_{j,t}^2\right] / \left[(n_d - 1)\sum_{UP} W_{j,t}^2\right]\right\} \quad (4.8)$$

在模型（4.8）中，n_u（n_d）表示在一年中上市公司股票 j 的周特有收益 $W_{j,t}$大于（小于）年度平均收益 W_j的周数。收益上下波动比率（DUVOL）的数值越大，表示收益率分布更倾向于左偏，即股价崩盘风险也越大。

2. 解释变量：企业社会责任指标。

借鉴沈洪涛等（2011）和朱敏等（2014&2015）的研究，以每股社会贡献值来衡量企业的社会责任表现。

3. 控制变量。

根据以往的研究文献（Harvey and Siddique，2000；Chen et al.，2001；Kim et al.，2011a、2011b；潘越等，2011；许年行等，2012；江轩宇，2013；施先旺等，2014；朱敏和周磊，2014；彭旋和王雄元，2016），应控制如下变量：考虑到样本公司中股价崩盘风险的度量指标（NCSKEW 和 DUVOL）上下两期之间可能存在着潜在的序列相关性，为了消除公式中可能存在的序列相关对，控制了相关变量的滞后一期项；陈等（Chen et al.，2001）指出交易量（投资者意见分歧度的代理变量）是股价崩盘风险的预测器，因此，控制了交易量的变动值，即去趋势换手率（DTURN），该值为第 t 年股票周转次数的月度平均值减去第 t－1 年股票周转次数的月度平均值；除了股票交易量，前期收益也能够预测崩盘风险。前期收益的预测力可以解释为泡沫的形成源于较高的前期收益，因为当价格跌回基本面时存在巨大价格跌幅。因此，控制了公司年均收益（SR），该值为公司当年特有周收益的均值。基于同样的原因，控制了市值账面比（MB），因为市值账面比高的股票预计也存在更高的崩盘风险。大量文献中支持公司规模的预测力，因此，亦控制了公司规模（Size），该值为公司总资产的自然对数；控制股票的收益波动，即公司特有收益的标准差（SIGMA），因为波动大的股票可能存在更高的未来股价崩盘风险。出于对公司资本结构的考虑，控制了资产负债率（Lev）和净资产收益率（ROE）。此外，考虑到对年度和行业固定效应控制的需要，在模型回归时加入年度虚拟变量和行业虚拟变量。

被解释变量、解释变量及控制变量的详细定义和度量标准如表 4－20 所示。

表 4－20　变量的定义与度量

变量	符号	变量名称与度量标准
被解释变量	NCSKEW	收益的负偏态系数，度量方法参照模型（4.7），其数值越大，表示股价崩盘风险也越大
	DUVOL	收益的上下波动比率，度量方法参照模型（4.8），其数值越大，表示股价崩盘风险也越大
解释变量	CSR	企业社会责任指标
控制变量	DTURN	去趋势换手率，为当期月股票交易量除以月内总发行股数的平均值，减去前一期平均值
	MB	市值账面比
	SR	考虑现金红利再投资的公司股票周平均收益率
	SIGMA	公司股票 i 在第 t 年的收益波动情况，为周特有收益率的标准差
	Size	公司规模，总资产自然对数
	Lev	资产负债率
	ROE	净资产收益率

续表

变量	符号	变量名称与度量标准
控制变量	Year	年度虚拟变量
	Industry	行业虚拟变量：按照深圳证券交易所发布的上市公司行业分类来设置，其中制造业细分二级门类，因此，共有21个行业类别，为避免多重共线性，设置20个行业虚拟变量

（三）实证模型

借鉴许年行等（2012）、江轩宇（2013）及朱敏和周磊（2014）的研究，构建模型（4.9），辅以被解释变量跨期回归的方式，检验企业社会责任与未来股价崩盘风险之间的关系。

$$\begin{aligned}CRASHRISK_{j,t+1} = {} & \beta_0 + \beta_1 CSR_{j,t} + \beta_2 CSR^2_{j,t} + \beta_3 DTURN_{j,t} + \beta_4 MB_{j,t} + \beta_5 NCSKEW_{j,t} + \\ & \beta_6 SR_{j,t} + \beta_7 SIGMA_{j,t} + \beta_8 Size_{j,t} + \beta_9 Lev_{j,t} + \\ & \beta_{10} ROE_{j,t} + \sum Year + \sum Industry + \varepsilon_{j,t}\end{aligned} \tag{4.9}$$

在模型（4.9）中，$CRASHRISK_{j,t+1}$分别由$NCSKEW_{j,t+1}$和$DUVOL_{j,t+1}$来度量，其中$NCSKEW_{j,t+1}$代表在第t+1期j公司特有周收益的负偏态，$DUVOL_{t+1}$代表在第t+1期j公司收益上下波动比率；$CSR_{j,t}$代表j公司第t期企业社会责任表现情况，${CSR_{j,t}}^2$为$CSR_{j,t}$的平方项，其余为控制变量。研究假设H4-4-1意味着$\beta_2<0$，具体来说，企业社会责任对未来股价崩盘风险的影响表现为先升后降的倒U型曲线。

考虑到本节研究中所使用的样本数据是典型的短面板数据，借鉴彼得森（2009）的方法，所有回归模型结果在报告t值时，均采用公司层面聚类调整的稳健性标准误。

四、实证结果及分析

（一）单变量分析

1. 描述性统计。

主要变量的描述性统计结果见表4-21。股票收益的负偏态系数（NCSKEW）的均值为-0.239，中位数为-0.218，表现为左偏，股票收益上下波动率（DUVOL）的均值为-0.163，中位数为-0.165，略微右偏，上述指标结果基本符合前面对该变量的界定；对于本节的关键解释变量，企业社会责任表现（CSR）的均值为1.193，中位数为0.921，最小值为-0.911，而最大值高达

5.791，远远超过均值和中位数，这表明即使进行了上下1%的缩尾处理，仍存在少数企业的社会责任履行情况好于正常值，但这些企业只是少数。此外，在控制变量方面，股票去趋势换手率（DTURN）介于-1.576~0.856之间；公司规模（Size）的均值为22.040，与现有文献中的研究结果基本一致；资产负债率（Lev）的均值为0.493，中位数为0.501，最小值为0.054，最大值为0.927，这表明研究样本中企业的资产负债率基本服从正态分布，半数企业的资产中负债所占比率在50%左右，这个资本结构比率的风险适中，但有少数企业资产中负债占到了九成以上，甚至高达92.7%，如此高的资本结构比率表明，此时企业的财务风险极高，应引起企业利益相关者的高度重视。

表4-21　　描述性统计

变量名称	观察值	均值	标准差	最小值	25分位数	中位数	75分位数	最大值
NCSKEW	8837	-0.239	0.695	-2.351	-0.627	-0.218	0.174	1.826
DUVOL	8837	-0.163	0.479	-1.345	-0.478	-0.165	0.153	1.140
CSR	8837	1.193	1.052	-0.911	0.523	0.921	1.521	5.791
CSR^2	8837	2.532	5.063	0	0.279	0.848	2.313	33.54
DTURN	8837	-0.054	0.330	-1.576	-0.223	-0.034	0.109	0.856
MB	8837	3.429	2.970	0.724	1.726	2.588	4.096	25.40
SR	8837	0.003	0.011	-0.020	-0.005	0.001	0.009	0.038
SIGMA	8837	0.790	0.588	0.035	0.359	0.648	1.054	3.005
Size	8837	22.040	1.150	19.37	21.21	21.93	22.74	25.67
Lev	8837	0.493	0.191	0.054	0.354	0.501	0.638	0.927
ROE	8837	0.084	0.113	-0.690	0.035	0.078	0.133	0.377

2. 相关性分析。

各变量的皮尔逊相关性分析的矩阵见表4-22。从表4-22来看，投资者异质信念的代理变量股票去趋势换手率（DTURN）与未来股价崩盘风险（NCSKEW$_{t+1}$、DUVOL$_{t+1}$）显著正相关，这与洪和斯坦（Hong & Stein，2003）得出的投资者异质信念增加股价崩盘风险的研究结论一致；年均股票回报率（SR）与未来股价崩盘风险（NCSKEW$_{t+1}$、DUVOL$_{t+1}$）显著正相关，这也与陈等（Chen et al.，2001）的研究结论一致。表中各变量（除被解释变量股价崩盘风险的两个代理变量NCSKEW$_{t+1}$、DUVOL$_{t+1}$外）之间的相关系数绝对值大部分都小于0.4，这表明变量间不存在严重的多重共线性问题。

表 4－22　　相关性分析

变量名称	$NCSKEW_{t+1}$	$DUVOL_{t+1}$	CSR	DTURN	MB	NCSKEW	SR	SIGMA	Size	Lev	ROE
$NCSKEW_{t+1}$	1										
$DUVOL_{t+1}$	0. 886 ***	1									
CSR	0. 022 **	0. 013	1								
DTURN	0. 021 **	0. 034 ***	－0. 013	1							
MB	0. 105 ***	0. 108 ***	－0. 045 ***	0. 071 ***	1						
NCSKEW	0. 046 ***	0. 043 ***	0. 004	－0. 078 ***	0. 004	1					
SR	0. 094 ***	0. 092 ***	0. 099 ***	0. 563 ***	0. 349 ***	－0. 167 ***	1				
SIGMA	－0. 003	0. 003	0. 028 ***	0. 017	0. 019 *	－0. 010	0. 036 ***	1			
Size	－0. 030 ***	－0. 041 ***	0. 470 ***	－0. 010	－0. 289 ***	－0. 070 ***	0. 006	0. 024 **	1		
Lev	－0. 026 **	－0. 028 ***	0. 166 ***	0. 052 ***	0. 049 ***	－0. 008	0. 020 *	0. 011	0. 357 ***	1	
ROE	0. 041 ***	0. 031 ***	0. 517 ***	0. 007	0. 077 ***	－0. 0120	0. 177 ***	0. 034 ***	0. 172 ***	－0. 114 ***	1

注：***、**、*分别表示在1%、5%、10%水平上显著。

但是在表 4-22 中，企业社会责任表现（CSR）与未来股价崩盘风险（NCSKEW$_{t+1}$、DUVOL$_{t+1}$）之间存在的是正相关关系，这与前面的假设不完全一致，究其原因，是因为在这里仅仅只是研究变量间的线性关系，而企业社会责任表现（CSR）与未来股价崩盘风险之间可能并非只是简单的直线关系。因此，在接下来的研究中，将需要按照之前构建的曲线模型，通过多元非线性回归分析来深入探讨变量之间的逻辑关系。

（二）企业社会责任对未来股价崩盘风险的影响

实证检验企业社会责任表现对未来股价崩盘风险影响效应的回归结果见表 4-23。其中，列（1）以 NCSKEW$_{t+1}$作为被解释变量进行 OLS 回归，企业社会责任表现的平方项（CSR^2）系数为 -0.008，在 10% 的统计性水平上显著为负（$t_{0.1}=-1.87$），同时企业社会责任表现（CSR）的系数在 1% 的统计性水平上显著为正（$t_{0.01}=2.59$）；在列（2）中，以 DUVOL$_{t+1}$作为被解释变量进行了 OLS 回归，企业社会责任表现的平方项（CSR^2）系数为 -0.004，t 值为 -1.34，同时企业社会责任表现（CSR）的系数在 5% 的统计性水平上显著为正（$t_{0.05}=2.12$）。这表明，企业社会责任与股价崩盘风险之间确实存在着倒 U 型非线性影响关系，前面提出的研究假设得到验证。

表 4-23　企业社会责任对未来股价崩盘风险的影响效应分析

变量名称	(1) NCSKEW$_{t+1}$	(2) DUVOL$_{t+1}$
CSR	0.064*** (2.59)	0.036** (2.12)
CSR^2	-0.008* (-1.87)	-0.004 (-1.34)
DTURN	-0.084** (-2.42)	-0.023 (-1.02)
MB	0.022*** (6.75)	0.013*** (6.20)
NCSKEW	0.056*** (4.67)	0.036*** (4.59)
SR	10.213*** (8.24)	5.793*** (6.71)
SIGMA	-0.007 (-0.53)	0.001 (0.09)

续表

变量名称	(1) $NCSKEW_{t+1}$	(2) $DUVOL_{t+1}$
Size	0.021** (2.00)	0.003 (0.41)
Lev	-0.130** (-2.57)	-0.060* (-1.78)
ROE	-0.103 (-1.06)	-0.064 (-1.01)
常数项	-0.373* (-1.69)	0.025 (0.17)
年度	控制	控制
行业	控制	控制
公司聚类	控制	控制
观察值	8837	8837
R^2	0.082	0.079
Adj. R^2	0.077	0.074

注：括号内的数值为 t 值；***、**、*分别表示在 1%、5%、10% 水平上显著。

（三）内生性检验

本节的实证研究结果表明，企业社会责任表现与未来股价崩盘风险之间存在显著的倒 U 型非线性关系。然而，企业社会责任与未来股价崩盘风险间潜在的内生性仍是本节研究中无法回避的一个重要问题。基于此，在前面的主假设回归分析中，实证模型的解释变量使用了当期企业社会责任表现值，而被解释变量则使用了未来一期的股价崩盘风险，这种做法很好地缓解了实证研究中的一类内生性问题，即反向因果的内生性问题。

此外，在本节中还有可能存在样本自选择偏差问题，即某些难以察觉的企业自身特有因素可能会对企业社会责任表现和股价崩盘风险同时产生影响，此时异质性将导致内生性问题的出现。因此，采用赫克曼（Heckman，1979）两阶段模型进行回归检验，尽可能地减少样本自选择带来的内生性问题。

在第一阶段，本节参照崔和裴（Choi and Pae，2011）的研究，主要考虑公司规模、资产负债率及成长性等企业特征对企业社会责任表现的影响，采用模型（4.10）进行 Probit 回归并估计逆米尔斯比率（inverse Mill's ratio，IMR），具体的回归模型如下：

$$probit(CSR\_dum_{j,t}) = \beta_0 + \beta_1 Size_{j,t} + \beta_2 Lev_{j,t} + \beta_3 TobinQ_{j,t} + \beta_4 SalesGrowth_{j,t} + \beta_5 LossD_{j,t} + \beta_6 NegcfoD_{j,t} + \sum Year + \sum Industry + \varepsilon_{j,t} \quad (4.10)$$

在模型（4.10）中，被解释变量 CSR_dum 为虚拟变量，当企业社会责任表现大于行业年度中值时，该变量取1，否则取0。解释变量中包括：公司规模（Size）、资产负债率（Lev）、企业价值（TobinQ）、营业收入增长率（SalesGrowth）以及反映企业亏损情况的变量（LossD）、反映企业现金流情况的变量（NegcfoD），此外，模型中还加入年度及行业虚拟变量。

第二阶段将模型（4.10）估计得到的 IMR 代入本节中模型（4.9）作为额外的控制变量，最终得到模型（4.11），该模型可以修正由于样本自选择偏误所导致的内生性问题。具体模型如下：

$$CRASHRISK_{j,t+1} = \beta_0 + \beta_1 CSR_{j,t} + \beta_2 CSR^2_{j,t} + \beta_3 DTURN_{j,t} + \beta_4 MB_{j,t} + \beta_5 NCSKEW_{j,t} + \beta_6 SR_{j,t} + \beta_7 SIGMA_{j,t} + \beta_8 Size_{j,t} + \beta_9 Lev_{j,t} + \beta_{10} ROE_{j,t} + \beta_{11} IMR + \sum Year + \sum Industry + \varepsilon_{j,t} \quad (4.11)$$

其中，第一阶段回归结果见表 4－24 的 Panel A。从表 4－24 中可以看出，各解释变量的回归系数绝大多数在1%的统计性水平上显著，此外 Pseudo R^2 为0.1709（即17.09%），上述证据表明，模型（4.10）的拟合优度较好，回归结果可行。第二阶段的回归结果见表 4－24 的 Panel B，控制了样本自选择偏差的内生性之后，企业社会责任与未来股价崩盘风险间的显著倒 U 型非线性关系仍然存在，而且 inverse Mill's ratio（IMR）的回归系数分别在5%和10%的统计性水平上显著，因此，该回归结果进一步验证了本节的研究假设。

表 4－24　　内生性检验的回归结果

Panel A：赫克曼（1979）第一阶段回归		Panel B：赫克曼（1979）第二阶段回归		
变量名称	(1) CSR_dum	变量名称	(2) $NCSKEW_{t+1}$	(3) $DUVOL_{t+1}$
Size	0.511*** (17.59)	CSR	0.069*** (2.80)	0.039** (2.30)
Lev	0.555*** (3.92)	CSR^2	−0.009** (−2.18)	−0.005 (−1.59)
TobinQ	0.025*** (2.25)	DTURN	−0.084** (−2.44)	−0.023 (−1.03)

续表

Panel A：赫克曼（1979）第一阶段回归		Panel B：赫克曼（1979）第二阶段回归		
变量名称	(1) CSR_dum	变量名称	(2) $NCSKEW_{t+1}$	(3) $DUVOL_{t+1}$
SalesGrowth	0.010 (1.22)	MB	0.021*** (6.38)	0.013*** (5.86)
LossD	-1.643*** (-19.18)	NCSKEW	0.055*** (4.57)	0.036*** (4.50)
NegcfoD	-0.383*** (-9.12)	SR	10.271*** (8.28)	5.833*** (6.75)
常数项	-11.062*** (-16.61)	SIGMA	-0.007 (-0.55)	0.001 (0.08)
年度 行业	控制 控制	Size	0.038*** (2.85)	0.013 (1.45)
公司聚类 观察值	控制 8832	Lev	-0.116** (-2.25)	-0.052 (-1.50)
Pseudo R^2 LR chi2	0.1709 919.18	ROE	0.002 (0.02)	-0.003 (-0.05)
		IMR	0.062** (2.05)	0.037* (1.82)
		常数项	-0.766*** (-2.61)	-0.206 (-1.07)
		年度 & 行业	控制	控制
		公司聚类	控制	控制
		观察值	8832	8832
		R^2	0.079	0.082
		Adj. R^2	0.074	0.077
		F 值	17.952	18.598

注：Panel A 括号内的数值为 z 值，Panel B 括号内的数值为 t 值；***、**、* 分别表示在 1%、5%、10% 水平上显著。

（四）稳健性检验

1. 变量的标准化处理。

由于回归模型中变量的量度单位无法完全统一，为了消除指标量纲对研究结果的可能影响，参考之前文献研究的做法，对原模型中的变量统一进行标准化处理。具体做法如下：将所有连续型变量减去其均值后除以标准差取得新变量（即表 4-25 中带有“_s”后缀的变量），将生成的新变量重新代入模型（4.9），替换原有变量重新进行回归，回归结果见表4-25，从回归结果来看，关键解释变量及控制变量的系数和统计显著性水平均未发生实质性变化，与本节中主假设中模型回归结果保持一致。

表4-25　　稳健性检验1：变量标准化处理后的回归结果

变量名称	(1) $NCSKEW_{t+1}$_s	(2) $DUVOL_{t+1}$_s
CSR_s	0.090*** (2.59)	0.075** (2.12)
CSR^2_s	-0.050* (-1.87)	-0.037 (-1.34)
DTURN_s	-0.045** (-2.42)	-0.018 (-1.02)
MB_s	0.107*** (6.75)	0.094*** (6.20)
NCSKEW_s	0.056*** (4.67)	0.053*** (4.59)
SR_s	0.162*** (8.24)	0.135*** (6.71)
SIGMA_s	-0.006 (-0.53)	0.001 (0.09)
Size_s	0.035** (2.00)	0.007 (0.41)
Lev_s	-0.037** (-2.57)	-0.026* (-1.78)
ROE_s	-0.019 (-1.06)	-0.018 (-1.01)
常数项	-0.047 (-0.59)	-0.037 (-0.47)
年度	控制	控制
行业	控制	控制
公司聚类	控制	控制
观察值	8837	8837
R^2	0.082	0.079
Adj. R^2	0.077	0.074

注：括号内的数值为t值；***、**、*分别表示在1%、5%、10%水平上显著。

2. 剔除金融危机的影响。

股票价格不仅反映了上市公司的会计业绩，还能反映宏观经济情况及经济政策的变化（靳庆鲁等，2008）。因此，为了增强研究结果的稳健性，排除外在宏观经济环境对股价崩盘风险的可能影响，在样本期间的选择上给予充分考虑，从研究样本中排除国际金融危机发生的2008年及其后可能受到危机波及影响的2009年的观察值，重新对本节中主假设模型进行回归检验。研究结果见表4-26，关键解释变量及控制变量的系数及显著性水平略有降低，但均未发生实质性变化，与本节主假设中模型回归结果基本保持一致。

表4-26 稳健性检验2：剔除金融危机影响的回归结果

变量名称	(1) $NCSKEW_{t+1}$	(2) $DUVOL_{t+1}$
CSR	0.057** (2.19)	0.029 (1.64)
CSR^2	-0.007 (-1.57)	-0.003 (-0.86)
DTURN	-0.100*** (-2.67)	-0.031 (-1.25)
MB	0.022*** (6.35)	0.013*** (5.66)
NCSKEW	0.061*** (4.85)	0.039*** (4.76)
SR	11.291*** (8.48)	6.697*** (7.28)
SIGMA	-0.009 (-0.63)	-0.001 (-0.11)
Size	0.029*** (2.60)	0.008 (1.05)
Lev	-0.147*** (-2.72)	-0.067* (-1.87)
ROE	-0.162 (-1.57)	-0.110 (-1.62)
常数项	-1.036*** (-3.76)	-0.396** (-2.25)
年度	控制	控制
行业	控制	控制
公司聚类	控制	控制
观察值	7976	7976
R^2	0.077	0.072
Adj. R^2	0.072	0.066

注：括号内的数值为t值；***、**、*分别表示在1%、5%、10%水平上显著。

3. 采用股价崩盘风险的其他代理变量。

借鉴马林和奥利维尔（Marin and Olivier，2008）、赫顿等（Hutton et al.，2009）、陈国进和张贻军（2009）提出的股价崩盘风险的度量方法，该变量以单家公司股价发生崩盘的概率来衡量公司股价崩盘风险，在临界阀（threshold）取 2.00 和 3.09 的状态下，定义两个虚拟变量 CRASH2.00 和 CRASH3.09，如果在年度内企业至少存在一次特有周收益小于其年度特有周收益均值减去 2.00（或 3.09）倍的特有周收益标准差，则 CRASH2.00（或 CRASH3.09）取值为 1，表示股价崩盘发生，否则为 0，表示股价崩盘未发生。以上述变量作为模型的被解释变量进行回归，关键解释变量及控制变量的系数及显著性水平略有降低，但与本节主假设中模型回归结果基本保持一致。

4. 采用企业社会责任的其他代理变量。

参考唐跃军等（2014）、王新等（2015）的做法，在此采用企业捐赠支出与营业收入的比率来度量企业的慈善捐赠水平，在研究企业社会责任问题的相关文献中，该指标也常用来度量企业社会责任的履行情况。研究中涉及的企业捐赠支出数据，来源于国泰安数据库财务报表附注子集的营业外收支项目，将该项目中有关捐赠支出的明细手工收集并整理而得。为了保持企业社会责任替代变量与原有企业社会责任的解释变量在量级上的可比性，将新变量定义为：Don = 企业捐赠支出/营业收入 * 1000。将该变量代入模型（4.9）进行回归，关键解释变量及控制变量的系数及显著性水平略有降低，但仍与本节主假设中模型回归结果基本保持一致。

五、进一步的研究

（一）公司治理的影响效应

随着企业社会责任理论与实践的不断发展，社会责任不断渗透融合进企业内部经营管理活动中去，将社会责任落实到公司治理机制中已是大势所趋（高汉祥，2012）。因此，在这一部分，将探讨公司治理水平对企业社会责任与股价崩盘风险间关系的影响。

众所周知，公司治理体制对企业管理层进行着内部监督。企业社会责任的最终效果既取决于其承担度和管理层选择承担社会责任时的动机，也取决于公司治理对社会责任的约束作用（王新等，2015）。社会责任履行情况较好的企业可能公司治理更有效，而更多有效的公司监管可以确保管理层基于真实的经济或道德动机来履行企业社会责任活动，而不是工具性地利用企业社会责任来掩盖坏消息，因此，有效公司治理必将限制坏消息的囤积行为。此外，强劲的公司治理亦会使得企业的信息披露质量更高，进而使得股价崩盘风险降低（Harjoto and Jo，2011；Andreou et al.，2012）。在企业社会责任履行情况较好时，来自董事会的有效监管将会进一步增强企业社会责任与股价崩盘风险之间的相关关系。然而，在社会责任履行情况不佳的企业中，较难通过形象管理提升企业竞争力，在股东和管理层之间存在委托代理问题时，来自董事会的强劲监管难以有效约束管理层的机会主义行为，此时，企业社会责任对坏消息囤积及崩盘风险的增量影响可能就很有限。基于此，笔者预期：

相对于公司治理薄弱的企业，在公司治理有效性较高的企业中，社会责任与股价崩盘风险间的关系更可能表现为一种显著的倒U型非线性关系。

为了研究公司治理的影响效应，在此借鉴已有的文献研究，采用了经理人变更指标（CEOTURN）作为代理变量来衡量公司治理的有效性。经理人变更指标（CEOTURN）是一个虚拟变量，在企业本会计期间内存在经理人变更情况的取1，否则为0。当年存在经理人变更的企业，多为存在公司治理问题的企业，新上任的经理人在上任伊始一般会加大对公司的治理力度，因此公司治理效率会提高。

为了检验在公司治理机制的作用下企业社会责任与未来股价崩盘风险之间的关系，将上述衡量公司治理程度的变量作为分组指标对样本进行分组，并对之前的主假设模型重新进行回归检验，回归结果见表4－27。采用经理人变更指标（CEOTURN）将样本分为经理人变更组和经理人未变更组，并对分组子样本分别进行回归，回归结果表明，在列（2）和列（4）的经理人未变更样本组中，企业社会责任平方项CSR^2的系数分别在1%和10%的统计性水平上显著为负，而在列（1）和列（3）的经理人变更样本组中，企业社会责任平方项CSR^2的系数为负但不具有统计显著性。

总的来说，表4－27的回归结果表明，当公司治理机制强劲时，企业社会责任与未来股价崩盘风险间的倒U型非线性关系更为显著。

表4－27　　进一步研究1：公司治理机制的影响效应

变量名称	(1) $NCSKEW_{t+1}$ 经理人变更	(2) $NCSKEW_{t+1}$ 经理人未变更	(3) $DUVOL_{t+1}$ 经理人变更	(4) $DUVOL_{t+1}$ 经理人未变更
CSR	0.106* (1.94)	0.050* (1.84)	0.089** (2.43)	0.018 (0.99)
CSR^2	−0.022** (−2.47)	−0.004 (−0.76)	−0.018*** (−2.85)	0.000 (0.11)

续表

变量名称	(1) $NCSKEW_{t+1}$ 经理人变更	(2) $NCSKEW_{t+1}$ 经理人未变更	(3) $DUVOL_{t+1}$ 经理人变更	(4) $DUVOL_{t+1}$ 经理人未变更
DTURN	-0.065 (-0.89)	-0.087** (-2.25)	-0.017 (-0.36)	-0.024 (-0.96)
MB	0.028*** (3.98)	0.020*** (5.61)	0.016*** (3.48)	0.012*** (5.21)
NCSKEW	0.020 (0.76)	0.065*** (4.89)	0.021 (1.19)	0.040*** (4.61)
SR	12.026*** (4.43)	9.589*** (6.78)	6.131*** (3.29)	5.603*** (5.66)
SIGMA	-0.025 (-0.80)	-0.004 (-0.25)	-0.005 (-0.24)	0.002 (0.16)
Size	0.008 (0.36)	0.027** (2.21)	-0.003 (-0.19)	0.006 (0.74)
Lev	0.027 (0.23)	-0.169*** (-3.05)	0.013 (0.17)	-0.080** (-2.11)
ROE	-0.207 (-1.30)	-0.054 (-0.47)	-0.223** (-2.06)	-0.003 (-0.04)
常数项	-0.550 (-1.18)	-0.504* (-1.96)	-0.162 (-0.52)	-0.042 (-0.26)
年度	控制	控制	控制	控制
行业	控制	控制	控制	控制
公司聚类	控制	控制	控制	控制
观察值	1741	7096	1741	7096
R^2	0.106	0.083	0.109	0.078
Adj. R^2	0.083	0.077	0.086	0.072

注：括号内的数值为t值；***、**、*分别表示在1%、5%、10%水平上显著。

(二) 企业所有权性质的影响效应

在我国，上市公司很大一部分是由国有企业转制而成。国家是国有企业的控股股东，因此，这些上市公司从成立或上市之初就被赋予了社会责任的职能，需完成解决就业、改善社会福利等多维责任目标（林毅夫等，2004；王新等，2015）。在我国国有企业中，基于行政渠道选拔任命企业领导层的传统方法仍然存在，一定比例的高管有着行政级别（逯东等，2014），他们更注重自身的政治前途（吴联生等，2010；朱敏等，2014），这使得社会责任的履行成为当地政府领导人完成执政指标的“支持之手”（王新等，2015）。因此，在国有股权性质的企业中，社会责任对股价崩盘风险间的影响力更强。基于此，提出假设：

与非国有企业相比，在国有企业中，企业社会责任与未来股价崩盘风险间的倒 U 型非线性关系更显著。

表 4－28 报告了企业所有权性质对企业社会责任与未来股价崩盘风险之间关系的影响。其中，列（1）～列（2）是以 $NCSKEW_{t+1}$ 作为被解释变量进行 OLS 回归的结果，列（3）～列（4）是以 $DUVOL_{t+1}$ 作为被解释变量进行 OLS 回归的结果。

表 4－28　　进一步研究 2：企业所有权性质的影响效应

变量名称	(1) $NCSKEW_{t+1}$ 国有企业	(2) $NCSKEW_{t+1}$ 非国有企业	(3) $DUVOL_{t+1}$ 国有企业	(4) $DUVOL_{t+1}$ 非国有企业
CSR	0.095 *** (2.86)	0.052 (1.37)	0.068 *** (3.01)	0.007 (0.28)
CSR^2	-0.010 * (-1.89)	-0.011 (-1.59)	-0.007 * (-1.84)	-0.004 (-0.78)
DTURN	0.009 (0.18)	-0.138 *** (-2.74)	0.027 (0.84)	-0.059 * (-1.82)
MB	0.022 *** (4.68)	0.025 *** (5.27)	0.013 *** (4.36)	0.015 *** (4.62)
NCSKEW	0.044 *** (2.68)	0.071 *** (3.90)	0.030 *** (2.79)	0.042 *** (3.47)
SR	9.365 *** (5.58)	10.950 *** (5.71)	4.613 *** (3.85)	7.060 *** (5.45)
SIGMA	0.005 (0.31)	-0.023 (1.12)	0.012 (1.00)	-0.011 (-0.79)
Size	0.012 (0.87)	0.056 *** (3.12)	-0.002 (-0.21)	0.027 ** (2.32)
Lev	-0.191 *** (-2.85)	-0.119 (-1.38)	-0.098 ** (-2.12)	-0.074 (-1.33)
ROE	-0.095 (-0.71)	-0.275 * (-1.83)	-0.088 (-1.00)	-0.119 (-1.17)
常数项	-0.914 *** (2.99)	-1.722 *** (-4.13)	-0.330 (-1.63)	-0.844 *** (-3.16)
年度	控制	控制	控制	控制
行业	控制	控制	控制	控制
公司聚类	控制	控制	控制	控制
观察值	4832	3708	4832	3708
R^2	0.096	0.080	0.089	0.076
Adj. R^2	0.088	0.069	0.080	0.065

注：括号内的数值为 t 值；***、**、* 分别表示在 1%、5%、10% 水平上显著。

列（1）为国有企业样本的回归结果，企业社会责任平方项 CSR^2 的系数在10%的统计性水平上显著为负；而列（2）为非国有企业样本回归结果，企业社会责任平方项 CSR^2 的系数为负但并不显著。在列（3）~列（4）中，以 $DUVOL_{t+1}$ 作为被解释变量所得到的回归结果与列（1）~列（2）基本保持一致。由此可见，无论被解释变量采用 $NCSKEW_{t+1}$ 还是 $DUVOL_{t+1}$，回归结果均支持同一结论，即相对于非国有企业而言，在国有企业中，社会责任对未来股价崩盘风险的倒U型非线性影响关系更为显著。

（三）地区发展程度的影响效应

我国地大物博，幅员辽阔，然而，由于历史和地理方面的原因，各地的经济发展水平很不平衡。其中，东南沿海省份及直辖市的地方经济更为发达，而在一些内陆省份和边远山区中，经济则欠发达。经济发达的地区，法律制度更为完善，披露信息的价值相关性更高（Leuz et al.，2003），公司的财务信息透明度更高（Bushman et al.，2004）。在这样的环境中，企业如果大力从事公益性活动如捐赠等，必将可以大幅提高企业声誉和信任，增加品牌形象与竞争力（Miles and Covin，2000；Mohr and Webb，2005；张旭等，2010），向资本市场进行信号传递，从而影响企业股价。因此，在经济发达地区的企业中，企业从事社会责任活动更有可能带来更高的“社会责任—股价敏感度”。基于此，提出假设：

与经济欠发达地区的企业相比，在经济发达地区的企业中，企业社会责任与未来股价崩盘风险间的倒U型非线性关系更为显著。

为了检验以上假设，本部分参考朱松和陈关亭（2012）、邢立全和陈汉文（2013）、朱敏等（2015）的做法，设置反映企业所在地区发展程度的变量，该变量为一个虚拟变量，当企业注册地在北京、上海、广东、天津、重庆、江苏、浙江时，变量取1，否则取0。依据此变量对样本进行分组，得到经济发达和经济欠发达地区企业两个分组样本，分别用分组样本对模型（4.9）进行回归，所得结果见表4－29。

表4－29　　进一步研究3：企业所在地区发展程度的影响效应

变量名称	(1) $NCSKEW_{t+1}$ 经济发达地区	(2) $NCSKEW_{t+1}$ 经济欠发达地区	(3) $DUVOL_{t+1}$ 经济发达地区	(4) $DUVOL_{t+1}$ 经济欠发达地区
CSR	0.082** (2.37)	0.050 (1.45)	0.049** (2.07)	0.024 (1.00)

续表

变量名称	(1) $NCSKEW_{t+1}$ 经济发达地区	(2) $NCSKEW_{t+1}$ 经济欠发达地区	(3) $DUVOL_{t+1}$ 经济发达地区	(4) $DUVOL_{t+1}$ 经济欠发达地区
CSR^2	-0.014** (-2.37)	-0.003 (-0.45)	-0.009** (-2.26)	0.001 (0.27)
DTURN	-0.060 (-1.31)	-0.109** (-2.17)	-0.025 (-0.81)	-0.028 (-0.85)
MB	0.024*** (5.04)	0.021*** (4.55)	0.016*** (5.34)	0.011*** (3.67)
NCSKEW	0.056*** (3.03)	0.054*** (3.45)	0.039*** (3.30)	0.033*** (3.15)
SR	8.782*** (5.09)	11.387*** (6.33)	4.170*** (3.42)	7.130*** (5.79)
SIGMA	0.003 (0.19)	-0.015 (-0.81)	-0.007 (-0.59)	0.008 (0.67)
Size	0.036** (2.37)	0.007 (0.45)	0.017* (1.74)	-0.010 (-1.02)
Lev	-0.057 (-0.75)	-0.176** (-2.58)	-0.022 (-0.46)	-0.077 (-1.64)
ROE	-0.108 (-0.77)	-0.112 (-0.83)	-0.092 (-0.95)	-0.055 (-0.63)
常数项	-1.133*** (-2.92)	-0.832** (-2.14)	-0.487** (-2.03)	-0.226 (-0.91)
年度	控制	控制	控制	控制
行业	控制	控制	控制	控制
公司聚类	控制	控制	控制	控制
观察值	4042	4795	4042	4795
R^2	0.080	0.094	0.077	0.094
Adj. R^2	0.070	0.085	0.067	0.085

注：括号内的数值为 t 值；***、**、*分别表示在1%、5%、10%水平上显著。

在表4-29的列（1）~列（2），是以股价崩盘风险指标$NCSKEW_{t+1}$作为被解释变量进行OLS回归的结果，列（3）~列（4）是以股价崩盘风险指标$DUVOL_{t+1}$作为被解释变量进行OLS回归的结果。研究发现，在经济发达地区的企业样本组中［列（1）和列（3）］，企业社会责任平方项CSR^2的系数均在5%的统计性水平上显著为负；而在经济欠发达地区的企业样本组中［列（2）和列

(4)]，企业社会责任平方项 CSR^2 的系数缺乏统计上的显著性。由此可见，无论被解释变量采用 $NCSKEW_{t+1}$ 还是 $DUVOL_{t+1}$，回归结果均支持同一结论，即相对于经济欠发达地区的企业而言，在经济发达地区的企业中，企业社会责任对未来股价崩盘风险的倒 U 型非线性影响关系更为显著。

六、研究结论

本节的研究旨在从股价崩盘风险的角度，探讨企业履行社会责任对资本市场定价效率的影响，即企业履行社会责任究竟会缓解还是加剧股价崩盘风险。已有的文献研究表明，若企业有着较高的社会责任感，必将致力于高水平的财务报告透明度且表现为较少的坏信息囤积行为，此时，企业社会责任将与更低的未来股价崩盘风险相联系；然而，若管理层将企业社会责任作为掩盖坏消息、转移利益相关者视线的工具，那么，企业社会责任将会与更高的未来股价崩盘风险相关。

本节的研究将上述两种观点进行了汇总，在控制了现有研究文献中股价崩盘风险的其他决定因素（包括投资者意见的分歧度、收益率、公司规模、市值账面比率等）后，研究发现在企业社会责任和未来股价崩盘风险间存在着显著的倒 U 型非线性关系，即在不同的条件下，分别支持企业社会责任对未来股价崩盘风险存在缓解或加剧的效应。在充分考虑潜在的内生性问题并进行大量的稳健性检验之后，研究结论依然是稳健的。

此外，本节通过分组研究进一步发现，企业社会责任对未来股价崩盘风险的影响效应在公司治理有效性程度较强的企业、国有企业以及经济发达地区的企业中更为显著。总的来说，上述研究证据支持这样的观点，即在受到更多的内外部监管的企业、有着较强的企业社会责任导向企业文化的企业中，社会责任对未来股价崩盘风险的影响更为显著。

本节的研究有别于现有文献中涉及的企业社会责任对股票收益业绩或公司风险影响效应的研究，通过聚焦于企业社会责任在降低股价崩盘风险方面的独特作用，拓展了企业社会责任对企业投资者可能影响范围的边界，为研究财务报告背景下企业社会责任问题提供了更多的经验证据（Kim et al.，2011a；2012）。此外，本节通过引入企业社会责任指标，探讨其对未来股价崩盘风险的影响效应，拓展了学者们在股价崩盘风险领域的研究。本研究将有助于公司在股票市场中对自身进行风险管理，同时对于试图将股价崩盘风险纳入其投资组合及风险管理的投资者而言亦有着一定的参考价值。

第五节 本章小结

本章以企业为中心，按照由内到外的逻辑顺序，分别基于企业内部经营、信息中介机构及外部资本市场的角度，研究企业社会责任的经济后果。

在第一节中，通过检验基于利益相关者的企业社会责任对企业内部经营中存货管理策略的影响，对利益相关者群体影响企业存货体系特性进行系统性研究，从作用路径的角度对研究企业社会责任与财务业绩间关系的文献给予了实证支持。同时，促使企业管理者意识到，在企业设置安全库存量之前和执行过程中，只有充分考虑企业各方利益相关者的不同诉求，才能最终促进企业实现社会价值最大化的财务管理目标。

在第二节中，通过实证检验企业披露社会责任信息的行为对注册会计师审计收费的影响，将企业社会责任信息披露对资本市场参与者影响的经济后果扩展到企业注册会计师领域，在一定程度上扩大了企业社会责任经典理论——利益相关者理论的研究边界。同时，通过对企业社会责任表现及其信息披露行为经济后果的实证检验，进一步对企业社会责任管理层机会主义动机的假设进行了印证，即社会责任信息披露行为可能主要源于企业管理层与利益相关者博弈的内生决策机制。该发现有助于敦促企业管理当局对企业的非财务信息披露进行专项监管，规范企业将社会责任报告的内容转化为实际行动，使得利益相关者能够获取并挖掘报告中具有决策价值的信息。

在第三节、第四节中，通过聚焦企业社会责任对于未来股价崩盘风险的独特影响，为企业社会责任经济后果的研究提供了资本市场定价效率方面新的经验证据。同时，通过识别企业社会责任这个全新的、可能对资本市场资源配置效率提供增量信息帮助的因素，拓展了资本市场财务与会计方面的文献研究。对那些在资本市场中试图管理和预测股价波动的企业及其投资者提供了理论方面的有益指导。

第五章　我国企业社会责任的战略实现对策

按照由内到外的逻辑顺序，前面从企业内部经营策略、与企业关系紧密的外部独立中介机构的决策行为及资本市场股价波动特征的角度，对企业社会责任可能的经济后果进行了多角度多层次的实证研究。总的来说，研究结果均表明，当前企业管理层机会主义行为动机下的社会责任行为会对企业内部经营、注册会计师审计及资本市场股价波动带来不利的影响。因此，唯有大力加强企业伦理道德建设，树立秉承公心的社会责任观念，并将承担社会责任与有效提升企业经济利益有机地结合起来，加强社会责任的立法与制度建设，才能真正促进企业的可持续发展。

第一节　企业伦理道德建设的对策建议

一、企业伦理理论与社会责任

中华文化源远流长、博大精深，儒家思想推崇伦理道德修养，强调修身齐家治国平天下，主张以德治国、公忠体国。在当今社会环境中，对中国传统伦理思想的传承，对公私、义利以及荣辱等对立价值取向的深入研究有助于现代企业管理过程中的伦理构建和价值观形成。

作为企业管理层在处理日常经济关系时所遵循的行为准则，企业伦理是价值观在企业经营中的制度化体现（刘英为和刘可风，2014），是市场正常运转的必要条件。企业伦理思想的核心是对各方利益相关者的尊重和服务，目的是促使企业更好地承担社会责任。

若企业以伦理道德为其根本诉求，那么，实现更多利润意味着要承担更多社会责任；然而，西方功利主义哲学理论认为，人的本性趋乐避苦，其行为往往受到功利的支配（Mill，1861），因此，如果企业仅仅以实现经济利润为唯一目标，那么，利润的实现未必会使企业更多地承担社会责任。更有甚者，会为了谋求更高利润而做出危害利益相关者权益的行为，例如恣意排放污染物、商业贿赂、偷逃税费、欺骗性广告、不正当竞争等。

西方企业伦理理论中道义论研究领域的著名学者、德国古典哲学创始人伊曼努尔·康德（Immanuel Kant）认为，为实现个人功利目的而做的事情不能被认为是道德的（Kant，1785）。因此，企业的生产经营活动要有道德底线，任何从私利出发仅以利润最大化为目标，无视利益相关者利益的行为都应受到社会谴责。社会的价值观念对人的心灵和企业行为具有统摄作用，在一定意义上来说，企业社会责任也是社会价值观念变化的产物（王淑芹和牟海林，2010）。因此，要加强企业的伦理道德建设，首先必须营造企业公民的良好社会风尚和氛围，以社会主义核心价值观为指导督促企业树立正确的价值观念，并将这种价值观念贯彻落实到企业的实际经营管理工作中去，使之制度化、规范化。

我国正处于社会和经济的转型时期，市场机制尚未完善，法律制度有待健全，在这样的大环境下，企业伦理价值观对于企业社会责任的战略思想指导作用难以得到足够的重视。鲁西耶（Lussier，2011）认为，企业社会责任的实现应是一个双赢的过程，遵循企业伦理的企业行为事实上就是善尽社会责任的表现，由此可见，两者之间存在某种程度的因果关系（晁罡等，2013）。我们不能单从经济学的视阈探究企业社会责任，而更应站在经济哲学的视阈，将企业伦理与企业社会责任联系起来，探讨企业社会责任兴起的伦理文化致因（王淑芹和牟海林，2010），通过一定的伦理分析工具为致力于履行对利益相关者的社会责任行为提供坚实的理论基础（晁罡等，2013）。

二、营造良好的社会氛围

“国无德不兴，人无德不立。”只有立足中华民族优秀的传统文化，继承和弘扬中华传统美德，不断深化社会主义思想道德建设，培育正确的道德判断和道德责任，才能在全社会形成崇德向善、德行天下的浓厚社会氛围（中共中央宣传部，2016）。在“全球企业社会责任领袖峰会”开幕式上，北京师范大学公益研究院院长、前民政部慈善司司长王振耀博士发表了题为《善经济时代商业与公益的融合与挑战》的重要讲话：“世界客观上进入善经济时代。这是一个趋势。商业领袖应关注和参与慈善活动，发展社会企业，开展有影响力的投资，创造共享价值。”① 对于当前处于经济发展新常态中的中国企业而言，伦理道德是一种能够将之投入到生产过程中，并进一步创造财富的能力（晁罡等，2013）。习近平总书记在2018年春节团拜会上指出，国家富强，民族复兴，最终要体现在千千万万个家庭都幸福美满上。因此，努力营造良好的社会氛围，不仅有利于满足社会公众对企业的利益诉求，也必将有利于企业自身的可持续发展。

三、树立正确的价值观念

习近平总书记指出：“人类社会发展的历史表明，对一个民族、一个国家来说，最持久、最深层的力量是全社会共同认可的核心价值观。”② 价值观念在一定社会的文化中是起中轴作用的，2020年7月21日习近平总书记在企业家座谈会上的讲话指出：“优秀企业家必须对国家、对民族怀有崇高使命感和强烈责任感，做诚信守法的表率。”③

因此，企业必须树立正确的价值观念，加强伦理道德建设，发挥本企业中共产党员的先锋模范作用，通过舆论宣传、文化熏陶等方式，使企业管理层将社会主义核心价值观内化于心，并落实到实际行动中去；同时，推动企业诚信建设，加强员工尤其是管理层员工的思想政治教育、职业道德教育工作，建立良好的诚信价值观念，在履行企业社会责任时充分考虑更广大的社会公众的利益，杜绝私利动机下的管理层机会主义倾向。

第二节　企业内部经营管理的对策建议

本书通过检验基于利益相关者的企业社会责任对企业内部经营中存货管理策略的影响，对利益相关者群体影响企业存货体系特性进行系统性的研究。基于本书的研究，笔者从两个方面入手，提出改善企业内部经营环节运作效率的对策

---

① 国资委：企业履行社会责任必须完善法律法规［OL］. 中瑞企业社会责任合作网，http：//csr. mofcom. gov. cn/article/csrnews/12014/201411/20141100803928. shtml.

② “习近平谈核心价值观”——最持久最深层的力量［OL］. 人民网，http：//cpc. people. com. cn/n/2014/0724/c64387 - 25332402 - 2. html.

③ 习近平：在企业家座谈会上的讲话［OL］. 人民网，http：//cpc. people. com. cn/n1/2020/0721/c64094 - 31792294. html.

建议。

企业承担社会责任既是一种信号传递机制，也是一种价值创造机制（张兆国等，2012）。本书的研究表明，企业秉承道德伦理观念，实质性地履行社会责任，可以向利益相关者传递企业管理层诚信的信号，从而有利于降低企业内部经营风险、审计风险，减少注册会计师的审计收费，缓解股价崩盘风险，并最终带来企业业绩的提升。因此，企业应完善实施社会责任的公司治理机制，加大社会责任实施力度，以提高企业社会责任履行的质量和效果。

一、考虑利益相关者诉求的存货管理

首先，根据书中企业社会责任与存货水平之间存在曲线关系的结论，笔者认为在企业社会责任项目履行的初始阶段，企业应将主要精力集中于关注客户利益、积极履行对政府的纳税义务上，只有这样才能有效地实现低存货水平的政策；而当致力于更强大的企业社会责任政策并试图满足更多利益相关者的利益时，管理层则不得不积累更多的库存以降低生产经营的风险，并给予利益相关者更多权利，促使其采取积极措施来参与企业存货管理和提出切实可行的解决方法来提高存货管理效率。然而，由于企业的生产经营实践与企业社会责任间存在着潜在的互补性，因此，对于坚持实行准时制生产方式①（just in time，JIT）的企业而言，应考虑制定一套关注利益相关者责任履行的操作实践（包括保护劳动者的合法权益、依法合理纳税、支持社会公益慈善事业等），以便企业能够在增进对利益相关者责任履行的收益（如员工忠诚度、社会关注度等）和更高存货水平导致的成本之间寻求平衡。

其次，由于各方利益相关者都有自己的偏好，存货水平的设定受不同利益相关者诉求压力的影响。因此，企业管理层应该意识到，在企业设置安全库存量之前和执行过程中，必须充分考虑企业各方利益相关者的不同诉求，才能最终促进企业实现社会价值最大化的财务管理目标。

最后，书中相关实证研究的年度期间包括了2008年全球金融危机大爆发的年份。一般来说，在经济危机爆发时，大多数企业出于对短期成本的考虑，更倾向于把注意力转向企业内部生产经营运作方面，而放弃企业社会责任项目的履行。然而，选取中国上市公司的样本数据通过实证研究的结果表明，忽视利益相

① 准时制生产方式（JIT），又称无库存生产方式，是日本丰田汽车公司在20世纪60年代实施的一种生产方式，即通过生产的计划和控制及库存的管理，追求一种无库存，或库存达到最小的生产系统。

关者的要求会直接影响到企业生产经营的成效，而获得优越的社会绩效可能成为促进生产效率的重要因素之一，特别是在存货管理方面。因此，企业管理层应从维护各方利益相关者利益诉求的角度出发，通过最大化地满足利益相关者的诉求，提高企业的社会绩效，并最终带来存货管理的优化和完善，企业生产经营效率的提升。

二、加大企业社会责任的研究和执行力度

首先，树立正确的企业社会责任观念，加深对企业社会责任会计的研究力度，将本企业的社会责任会计相关操作流程写入企业财务规章中去，加强企业中社会责任会计科目、账务处理流程、社会责任报告编制的理论设置及实践应用研究。

其次，将可持续发展理念植入企业的核心战略和日常经营运作中去。促进企业社会责任与企业主要经济业务的结合，注重在产品研发创新和供应链管理中贯彻社会责任的核心理念，以提高供应商、市场和消费者的认可度，增进企业与利益相关者之间关系，使得可持续发展过程中企业社会责任履行及成本投入能够最终转化为企业的核心竞争力，实现企业、社会及企业的各方利益相关者的和谐共赢。

最后，定期对企业管理层进行道德教育，尤其是诚信教育，敦促其树立正确的道德观念，避免企业管理层出现短视的机会主义倾向；切实执行和落实企业社会责任行为，维持良好的利益相关者关系，尽可能为企业员工安排安全舒适的工作环境、合理的薪酬计划及晋升计划；为客户提供合格的产品和优质的服务；关注并积极承担公益慈善责任，减少环境污染物的排放（荆新等，2015）。

三、设置企业社会责任管理常设机构及议题

（一）设置社会责任管理常设机构

首先，可在企业内部设立社会责任战略规划及发展管理部，将社会责任纳入企业战略管理的框架中去，用战略的视角将社会责任理念传递到企业的各个部门，对具体的社会责任活动进行统领和管理。

其次，在企业财务部门中设置专门的会计人员，负责对社会责任会计进行账务处理，主要工作包括：企业社会责任支出的期初预算表编制、会计期间中日常社会责任履行过程中的支出项目记账、期终进行企业社会责任报告的信息披露

工作。

再其次，在企业内部审计部门下设专门办公室，主要包括两个方面的工作：一方面，负责企业道德管理，将其融入企业文化中去，监督指导员工遵守企业伦理道德的规范要求。可考虑会同企业人力资源管理部门一起，通过定期开展以传统道德文化为主题的培训、知识竞赛等活动潜移默化地进行教育，培养德才兼备的人才，提升员工（尤其是管理层员工）主动承担社会责任的意识。另一方面，定期检查企业履行社会责任的情况，对于社会责任相关的经费用度进行监督与管理，定期按照预算考核企业内部生产、销售、研发等相关业务职能部门中社会责任完成情况，负责年度企业社会责任报告的内部审计工作。

最后，在企业组织结构中设立监事会并赋予监事会监管职能，营造人本和谐的企业内部控制环境（沈烈等，2014），令监事会充分考虑“以人为本”的理念，对企业社会责任的实施及社会责任报告的信息披露情况进行内部监督和控制。

（二）设置社会责任管理常设议题

董事会是公司治理机制中的重要组成部分，因此，可考虑在每年年终召开的董事局会议上，增设一项社会责任管理议题，并将该议题常规化、制度化，使之成为年终董事局会议中的常规议题。该议题主要讨论下年度企业拟开展的社会责任活动及相关社会责任活动的支出总体预算安排，设置社会责任专项基金，在董事局会议上通过后提请年度股东大会投票决议。

第三节　基于信息质量提升的对策建议

本书将企业社会责任信息披露对资本市场参与者影响的经济后果扩展到注册会计师领域，在一定程度上扩大了企业社会责任利益相关者理论的研究范围。同时，从信息披露，尤其是非财务信息披露的角度对注册会计师审计收费影响因素的理论研究进行了有益的拓展。

一、社会责任信息披露的规范化

基于本书的研究，政府政策制定者应进一步规范和完善企业信息披露制度，制定适合中国实际的切实可行的社会责任报告框架，并敦促企业大力摆脱“报告止于报告”的框架束缚，将社会责任报告的内容转化为实际行动，而不仅仅局限于形式上的回应。同时，企业管理当局应尽快将社会责任报告纳入企业管理体系中，对企业的非财务信息披露实施专项监管，促使企业全面提高报告的信息质量，使得利益相关者能够获取并挖掘报告中具有决策价值的信息。

二、社会责任信息的内部审计

可考虑在《企业会计准则》中对企业社会责任信息披露的相关细节进行增补规定，将企业社会责任报告的编制和报送纳入企业会计的常规工作中来，将企业社会责任报告的审计鉴证工作纳入企业内部审计的常规审计范围，并指定专门的审计工作人员负责企业社会责任报告的审计工作。

第四节　考虑资本市场定价效率的对策建议

一、政府监管

企业社会责任的监督机制主要包括企业内部监督和企业外部监督两个方面，其中，企业外部的监管者主要是政府相关职能部门。政府职能部门主要包括财政部、审计署、证监会、国资委、税务总局和国家市场监管总局等相关职能管理部门及各级地方政府，这些中央政府的监管部门和各级地方政府可以通过政策引导、市场激励的方式推进企业履行社会责任的义务，从行政的角度对企业社会责任的履行和信息披露行为发挥监察和督促等约束性、规范性的功能。

因此，政府监管部门应尽快将社会责任报告纳入企业管理体系中，对企业的非财务信息披露进行专项监管，通过建立关键责任人问责机制来促使企业全面提高报告质量，使得利益相关者能够获取并挖掘报告中具有决策价值的信息。

此外，政府监管部门应充分认识到在维系良好的利益相关者关系、增强企业风险管理的过程中，企业社会责任所能发挥的作用；相关监管职能部门可通过劳动合同、消费者权益保护、环境污染治理等方面法律法规的强制命令对企业履行社会责任的行为进行监管，重视环境审计在国家治理方面的作用（李璐和张龙平，2012），以规范企业生产经营活动，降低经营风险和审计风险；尤其是要加强对非国有企业的监管力度，让所有企业都能本着诚信道德的观念均衡地分担社会责任成本，以维护那些自觉承担社会责任的企业的合法权益。

二、社会监督

社会监督的主要途径有民众监督、社团监督和新闻媒体的舆论监督（曾萍，2011）。其中，新闻媒体通过发布大量的报道，在一定程度上降低利益相关者与企业之间的信息不对称（张琦和吕敏康，2015）。在当前“互联网＋”的大背景下，社会公众的网络舆论监督可以对企业履行社会责任的行为发挥有力的监督作用。因此，应充分发挥电视、广播、网络等媒体舆论关注的监督作用，通过对社会责任履行较好的典型企业进行宣传报道，加强对企业社会责任行为的舆论引导。同时，通过增加企业行为的媒体关注度，借助社会公众的力量来共同督促企业，使之更好地履行社会责任。

第五节　企业社会责任的立法与制度构建

一、企业社会责任的法规化构建

（一）政策法规回顾

2002 年国家经贸委、中国证监会联合发布《上市公司治理准则》，该准则明确规定，上市公司在实现股东权益最大化的同时，应关注其他利益相关者的权益，重视社会责任问题。2006 年深圳证券交易所根据《中华人民共和国公司法》《中华人民共和国证券法》等法律、行政法规、部门规章，制定并颁布了《上市公司社会责任指引》，该指引明确上市公司是社会成员之一，在经营活动中，应对股东、债权人、职工、供应商及消费者等各方利益相关者承担起应尽的责任。遵守商业道德，维护消费者权益，保障劳动者职业安全，积极承担环境保护和资源节约的责任，参与社会捐赠及赞助等社会公益事业（曾萍，2011）。2007 年，国资委发布《关于中央企业履行社会责任的指导意见》（以下简称《意见》），在《意见》中明确指出中央企业应履行的社会责任。2010 年，财政部会同证监会、审计署、银监会及保监会联合制定并发布《企业内部控制配套指引》（共包括《企业内部控制应用指引》《企业内部控制评价指引》和《企业内部控制审计指引》三个部分），其中，《企业内部控制应用指引第 4 号——社会责任》明确规定了企业应从安全生产、产品质量、环境保护与资源节约、促进就业与员工权益保护等方面履行对社会的职责和义务。2014 年 10 月 20 日，中国共产党第十八届中央委员会第四次全体会议在北京召开，全会提出，要平衡社会利益、调节社会关系，加强社会责任立法。① 2015 年 7 月 1 日，国家安全生产监督管理总局出台了《劳动防护用品管理规定》，进一步规范企业行为，保护员工工作过程中的健康与安全。

（二）社会责任立法的相关建议

在回顾现有政策法规的基础上，本章从以下几个方面提出推进企业社会责任政策法规构建的对策建议。

首先，加强立法建设。对企业各方利益相关者的权利和义务给予充分考虑，根据利益相关者对企业的诉求，将企业社会责任管理方面的相关立法纳入国家主要的法律法规体系中去，修订和完善《公司法》《证券法》等现有的法律法规体系，并加快《企业社会责任法》的制定和实施步伐，规范企业在社会责任履行及信息披露过程中的原则、义务及违规处罚条例，为企业提供统一的法律规范，做到有法可依。同时，对于法律法规体系中企业社会责任部分的设置既要与国际惯例趋同，又要体现中国特色。

其次，加大执法力度与立法监督。敦促企业按照已有的法律法规制定企业规章制度，并切实遵循法律法规的要求，认真履行企业应尽的社会责任。

最后，加强制度创新构建。一方面，将企业社会责任管理制度纳入企业战略管理体系的框架中，使之成为企业战略体系的有机组成部分之一，从制度上保证管理目标的实现；另一方面，尽快制定奖惩分明的环保制度，敦促企业基于可持续发展的要求，关注生态文明建设，将资源环境损害及防护等生态效益指标纳入对企业管理综合考核体系中去，对社会责任履行情况较好的优质企业给予政策扶植，对不重视企业社会责任、肆意破坏自然环境、损害利益相关者利益的劣质企业进行公示和处罚。

二、企业社会责任的国际化构建

2020 年 7 月 20 日，习近平总书记在企业家座谈会上强调②，企业家要在

① 中共十八届四中全会在京举行　中央政治局主持会议　中央委员会总书记习近平作重要讲话［OL］. 共产党员网，http：//news. 12371. cn/2014/10/24/ARTI1414098069103284. shtml.

② 习近平：在企业家座谈会上的讲话［OL］. 新华网，http：//www. xinhuanet. com/politics/2020 - 07/21/c_1126267575. htm.

“增强爱国情怀”“勇于创新”“诚信守法”“承担社会责任”“拓展国际视野”等方面不断提升，为国担当、弘扬企业家精神。企业社会责任国际化构建主要从以下三个方面入手：第一，充分借鉴欧美发达国家的经验，制定一系列综合性的社会责任规范体系和考核评价指标体系，从总体上对企业社会责任内涵和外延、信息披露等基本性问题加以科学的界定，探索性地建立与国际接轨的社会责任履行标准认证体系；第二，在引入国际先进经验的基础上，结合中国经济发展“新常态”下企业的特性，设定适合中国企业的社会责任标准，并督促企业将其纳入公司章程，在日常工作中严格遵守；第三，加强国际交流，通过举办全球性的企业社会责任高峰论坛、领袖峰会，搭建国际间交流沟通及合作的平台，拓展国际视野，提高统筹利用国际国内两个市场、两种资源的能力，努力推动和实现可持续发展的商业未来。

第六节　本章小结

本章结合前面经济后果的研究结论，从五个方面提出我国企业社会责任实施的对策建议：第一，从加强企业伦理道德建设入手，提出应通过努力营造企业伦理道德建设的社会氛围，以社会责任核心价值观为指导，督促企业树立正确的价值观念；第二，从企业内部经营管理的角度出发，提出考虑利益相关者诉求的存货管理，通过加大社会责任的研究和执行力度，设置企业社会责任的常设机构及议题，来切实提高企业社会责任实施效果；第三，从信息质量提升的角度给出对策建议；第四，明确外部市场的监管机制，通过加强政府引导、监管与媒体监督来提高资本市场的定价效率；第五，提出从企业社会责任的立法与制度层面进行构建的相关对策建议。

第六章　研究总结

第一节　主要研究结论

随着现代经济的高速增长，企业在生产经营过程中伴随着对环境的污染、对生态的破坏等一系列社会问题的产生，企业的利益相关者越来越关注企业社会责任的履行及信息披露。在这样的全球大背景下，企业社会责任已逐渐被纳入管理的核心，越来越多的企业开始积极履行社会责任并进行社会责任报告的披露工作，因此，研究企业社会责任的行为动机及在该行为动机之下可能对企业内外部带来的经济后果则显得尤为重要。

本书首先从企业社会责任的内涵、信息披露及报告鉴证，企业社会责任影响因素及行为动机，企业社会责任经济后果三大方面梳理了近年来国内外研究的主要文献。其次，对企业社会责任起支撑或指导作用的那些经典假设和主要理论基础进行分析。再其次，基于企业会计信息质量的视角，从盈余质量和会计稳健性两个方面出发，实证分析企业履行社会责任的可能动机，为后面研究企业社会责任的经济后果奠定必要的逻辑基础；进而沿袭行为动机研究的结果，以企业为中心，按照由内而外的顺序，探讨企业社会责任行为对于企业内部经营策略制定、外部信息中介机构及资本市场定价效率影响的经济后果。最后，提出完善我国企业社会责任战略性实施的对策建议。综上所述，研究结论主要包括如下五个方面。

第一，由于厘清企业社会责任的履行动机，不仅有助于推动企业社会责任理论的发展，而且有助于政府监管当局规范企业的社会责任实践。因此，本书基于企业会计信息质量的视角，从盈余质量的角度，探讨了企业履行社会责任的行为动机，实证研究结论表明，企业的盈余质量对企业社会责任存在着显著的负向影响。上述研究结果可以归因于代理理论框架下企业管理层的私利动机，即通过履行企业社会责任，管理层可在一定程度上掩盖或转移公众对企业盈余操纵等不当行为的关注，在缺乏政府直接监管和股权集中制衡的情况下，为了掩盖其对盈余所做的操纵，倾向于“工具性”地利用企业社会责任为自身利益服务。

第二，会计稳健性亦为企业会计信息质量的重要衡量指标之一。为了进一步剖析企业社会责任的行为动机，分别以不同样本期间沪深两市 A 股上市公司为研究对象，实证检验会计稳健性对企业社会责任的影响，并进一步探讨企业的股权性质、股权结构对上述关系的影响。研究表明，企业的会计稳健性与社会责任表现间存在显著的影响关系，这种关系的正负性随着样本期选择的不同而有所差异；结合企业股权性质及股权结构的研究表明，企业的国有股权性质会弱化两者间的相关关系；而在股权结构相对分散的企业中，这种关系更为显著。上述研究结论表明，管理层私利动机下的功利性行为可能具有短期动态特征，随着时间的推移，监管力度的增强，企业会计稳健性与企业社会责任间影响关系将逐渐由负向关系趋向于正向关系。上述研究结论将会影响到公众对企业社会责任行为的整体认知，有助于政府的政策制定者和监管部门识别企业履行社会责任的动机，规范和监管企业管理层的行为，同时对企业社会责任报告强制实施外部审计的呼声给予了支持。

第三，沿袭行为动机的研究结果，以企业为中心，遵循由企业内部到企业外部的逻辑顺序，探讨了企业社会责任行为的经济后果。本书从利益相关者群体权力博弈的角度，系统地研究企业社会责任对企业内部经营决策之存货管理的影响。研究结果表明，企业针对关键利益相关者的社会责任行为对企业存货水平存在显著影响，但具体的影响方向因利益相关者的不同而存在差异，其中，客户、政府与企业存货水平之间存在负相关的影响关系；而员工、债权人和社会公众与企业存货水平之间存在正相关的影响关系。由于不同维度利益相关者权力博弈的结果，使得企业社会责任的整体表现与存货水平之间存在显著的 U 型非线性影响关系，即当企业社会责任处于低水平时，企业存货水平会随着企业社会责任的履行而下降，而当企业社会责任处于高水平时，履行企业社会责任会带来存货水平的随之上升。

第四，我国企业社会责任报告是一项以自愿性披露为主的重要非财务信息，该信息披露的经济后果可能影响企业外部重要信息中介之一——注册会计师。因此，本书关注社会责任信息披露对注册会计师审计收费影响，研究结果表明，社会责任信息披露对注册会计师审计收费存在显著的正向影响；企业在社会责任表现不佳的情况下所进行的社会责任信息披露，带有明显的管理层机会主义行为倾向，这会显著增加注册会计师对企业未来风险的评估及持续经营能力的质疑，最终体现为审计收费的溢价；在政策监管相对薄弱的非国有企业、受大众舆论关注较少的非重污染行业企业及处于市场化程度较低地区的企业中，社会责任信息披露对注册会计师审计收费的正向影响更为显著。

第五，作为衡量资本市场定价效率的关键指标之一，股价崩盘风险是近年来国内外学术界关注的新课题，在现有研究企业社会责任与股价崩盘风险间关系的文献中，对两者间关系的诠释存在正向和负向影响两种对立观点。本书将上述两种观点进行汇总综合，在控制现有研究文献中股价崩盘风险的其他决定因素后，研究发现在企业社会责任和股价崩盘风险间存在着显著的倒 U 型非线性关系，即在不同的条件下，支持企业社会责任对股价崩盘风险存在缓解或加剧的效应。在充分考虑潜在的内生性问题并进行大量的稳健性检验之后，研究结论依然稳健。进一步分组研究发现，企业社会责任对股价崩盘风险的影响效应在公司治理有效性程度较强的企业、国有企业以及经济发达地区的企业中更为显著。总的来说，在受到更多的内外部监管的企业、有着较强社会责任导向的企业中，企业社会责任对股价崩盘风险的影响效应更为显著。

第二节　主要研究创新

本书的主题是探究企业社会责任的行为动机及基于此行为动机履行社会责任后可能对企业内外部带来的经济后果。研究创新及学术贡献主要体现在以下四个方面。

第一，通过聚焦企业盈余质量和会计稳健性这两个会计信息质量的衡量指标，对企业社会责任行为动机进行实证研究，拓展性地为企业履行社会责任的可能动机提供了经验证据。研究表明，企业可能为了掩盖其盈余操纵行为而履行社会责任，但这种动机具有短期动态特征，随着监管力度的增强，该动机对企业社会责任的影响将会减弱，最终会计信息质量与企业社会责任将呈现相辅相成的正向影响关系。这丰富了现有的企业社会责任行为动机领域的研究。

第二，在研究企业社会责任对内部经营影响的经济后果时，通过专注于企业内部经营绩效的特定维度：存货管理的研究，尝试在“企业社会责任—内部经营（存货管理）策略—财务业绩”之间建立逻辑性的传导路径关联。结合利益相关者理论，对企业社会责任履行过程中利益相关者权力博弈对存货水平的影响进行了深入系统的研究。

第三，考察社会责任信息披露影响注册会计师审计决策行为的作用机理，进而探讨了企业社会责任表现对上述关系的影响效应。克服了现有文献将企业社会责任表现及报告披露割裂或合并进行研究的缺陷，将两者纳入统一的研究框架，更为系统、完整和逻辑自洽。同时，通过在企业社会责任、利益相关者关系、企业风险及注册会计师审计决策之间建立联系，完整地演绎“行为动机→企业社会责任→注册会计师审计决策”的逻辑传导路径。将企业社会责任对资本市场参与者的影响力扩展到了注册会计师领域，在一定程度上扩大了企业社会责任的利益相关者理论的研究外延。这有助于注册会计师从企业社会责任的角度评估被审计单位的经营风险及审计风险，做出合理的审计定价和出具客观的审计意见。对于现有的企业社会责任领域，尤其是非财务信息披露领域的研究具有一定的现实意义和学术价值。

第四，聚焦企业外部资本市场定价效率问题，研究企业社会责任在降低股价未来崩盘风险方面的独特作用，这有别于现有文献中涉及的企业社会责任对股票收益业绩或公司风险影响效应的研究。同时，提出企业社会责任与股价崩盘风险之间存在显著的非线性影响关系的研究结论，对现存的研究两者间关系的文献观点进行了汇总综合，拓展了企业社会责任对公司及投资者影响范围的边界。本书将有助于公司在股票市场中对自身进行风险管理，同时对于试图将股价崩盘风险纳入其投资组合及风险管理的投资者而言亦有着一定的参考价值。

第三节　主要研究局限

本书系统地研究了企业社会责任的行为动机及可能对企业内外部带来的经济后果。由于客观数据条件的原因，在获取社会责任信息披露指标时，未对社会责任报告的语态、语气、不确定性等进行文本分析，这将有待于在未来的研究工作中进一步的探讨。

此外，在实证研究过程中，为了解决样本自选择偏差带来的内生性问题，采用赫克曼（1979）两阶段模型进行回归检验；为了解决反向因果的内生性问题，在模型中辅以解释变量和被解释变量跨期回归的方式。然而，世间万物皆有因果，变量间的内生性问题终究无法完全消除，上述方法都只能减弱某类特定的内生性问题对研究结果的影响。在未来的研究中，期待研究方法的进一步完善和创新，以便更好地缓解研究结果的内生性。

参考文献

[1] [美] R. 爱德华·弗里曼著，王彦华、梁豪译. 战略管理：利益相关者方法 [M]. 上海：上海译文出版社，2006.

[2] [法] 让·雅克·卢梭. 社会契约论 [M]. 北京：商务印书馆，2003.

[3] 毕茜，彭珏，左永彦. 环境信息披露制度、公司治理和环境信息披露 [J]. 会计研究，2012 (7)：39-47.

[4] 晁罡，申传泉，张树旺，邱梅花. 伦理制度、企业社会责任行为与组织绩效关系研究 [J]. 中国人口·资源与环境，2013，23 (9)：143-148.

[5] 陈炳富，周祖城. 企业伦理学概论（第2版）[M]. 天津：南开大学出版社，2008.

[6] 陈国进，张贻军. 异质信念、卖空限制与我国股市的暴跌现象研究 [J]. 金融研究，2009 (4)：80-91.

[7] 陈玉清，马丽丽. 我国上市公司社会责任会计信息市场反应实证分析 [J]. 会计研究，2005 (11)：76-81.

[8] 陈政. 上市公司社会责任报告解读与完善建议 [J]. 证券市场导报，2007 (8)：28-33.

[9] 陈德萍，陈永圣. 股权集中度、股权制衡度与公司绩效关系研究——2007~2009年中小企业板块的实证检验 [J]. 会计研究，2011 (1)：38-43.

[10] 陈信元，叶鹏飞，陈冬华. 机会主义资产重组与刚性管制 [J]. 经济研究，2003 (5)：13-22.

[11] 陈毓圭，杨志国，赵兰芳. 企业社会责任与注册会计师的实践 [J]. 审计研究，2009 (1)：55-57+22.

[12] 崔秀梅. 企业发布社会责任报告影响因素的研究——来自中国上市公司2008年的经验证据 [J]. 南京农业大学学报：社会科学版，2009 (9)：40-46.

[13] 邓德军，蒋侃. 消费者预期的企业社会责任的内涵研究 [J]. 中国软科学，2011 (10)：93-101.

[14] 邓学衷，刘秀梅，李辛欣. 企业社会责任与盈余管理——对深圳A股

的实证研究［J］．长沙理工大学学报（社会科学版），2011（3）：61－65.

［15］樊纲．渐进改革的政治经济学分析［M］．上海：上海远东出版社，1996.

［16］樊纲，王小鲁，朱恒鹏．中国市场化指数——各省区市场化相对进程2006年度报告（2001，2002，2003，2004，2005指数）［M］．北京：经济科学出版社，2006.

［17］樊浩．当今中国伦理道德发展的精神哲学规律［J］．中国社会科学，2015（12）：33－50＋205.

［18］冯丽丽．企业社会责任履行效果研究——基于内部控制制度执行视角［D］．武汉：中南财经政法大学，2013.

［19］冯巧根．基于环境不确定性的管理会计对策研究［J］．会计研究，2014（9）：21－28＋96.

［20］高汉祥．公司治理与社会责任：被动回应还是主动嵌入［J］．会计研究，2012（4）：58－64＋95.

［21］高勇强，陈亚静，张云均．“红领巾”还是“绿领巾”：民营企业慈善捐赠动机研究［J］．管理世界，2012（8）：106－114.

［22］郭道扬．郭道扬文集［M］．北京：经济科学出版社，2009.

［23］郭岚，陈愚．政府俘获与企业社会责任关系研究综述［J］．生态经济，2015，31（9）：91－96.

［24］韩静，陈志红，杨晓星．高管团队背景特征视角下的会计稳健性与投资效率关系研究［J］．会计研究，2014（12）：25－31＋95.

［25］何德旭，张雪兰．利益相关者治理与银行业的社会责任——兼论我国商业银行推进利益相关者治理的选择［J］．金融研究，2009（8）：75－91.

［26］何辉．制度压力和组织同构——企业社会工作促进企业履行社会责任的机制研究［J］．广东工业大学学报（社会科学版），2013，13（4）：20－25＋83.

［27］何威风，刘启亮，刘永丽．管理者过度自信与企业盈余管理行为研究［J］．投资研究，2011，30（11）：73－92.

［28］何贤杰，肖土盛，朱红军．所有权性质、治理环境与企业社会责任信息披露的经济后果：基于分析师盈利预测的研究视角［J］．中国会计与财务研究，2013（2）：60－130.

［29］黄珺，周春娜．股权结构、管理层行为对环境信息披露影响的实证研究——来自沪市重污染行业的经验证据［J］．中国软科学，2012（1）：133－143.

［30］黄俊，郭照蕊．新闻媒体报道与资本市场定价效率——基于股价同步性的分析［J］．管理世界，2014（5）：121－130.

［31］黄萍萍，李四海．社会责任报告语调与股价崩盘风险［J］．审计与经济研究，2020，35（1）：69－78.

［32］黄速建，余菁．国有企业的性质、目标与社会责任［J］．中国工业经济，2006（2）：68－76.

［33］黄伟，陈钊．外资进入、供应链压力与中国企业社会责任［J］．管理世界，2015（2）：91－100＋132.

［34］黄元龙．现代慈善事业的发展及其政策推进［J］．浙江社会科学，2011（5）：86－88.

［35］吉利，张正勇，毛洪涛．企业社会责任信息质量特征体系构建——基于对信息使用者的问卷调查［J］．会计研究，2013（1）：50－56＋96.

［36］贾明，张喆．高管的政治关联影响公司慈善行为吗？［J］．管理世界，2010（4）：99－113＋187.

［37］江轩宇．税收征管、税收激进与股价崩盘风险［J］．南开管理评论，2013，16（5）：152－160.

［38］靳庆鲁，李荣林，万华林．经济增长、经济政策与公司业绩关系的实证研究［J］．经济研究，2008（8）：90－101.

［39］荆新，王化成，刘俊彦．财务管理学（第七版）［M］．北京：中国人民大学出版社，2015.

［40］孔东民，林之阳．企业社会责任、公司价值和基金业绩［J］．华中科技大学学报（社会科学版），2018，32（3）：62－72.

［41］李百兴，王博，卿小权．企业社会责任履行、媒体监督与财务绩效研究——基于A股重污染行业的经验数据［J］．会计研究，2018（7）：64－71.

［42］李秉成．内部资本市场特征对资金成本的影响——基于我国上市公司的实证研究［J］．宏观经济研究，2011（2）：47－51.

［43］李国平，韦晓茜．企业社会责任内涵、度量与经济后果——基于国外企业社会责任理论的研究综述［J］．会计研究，2014（8）：33－40＋96.

［44］李海芹，张子刚．CSR对企业声誉及顾客忠诚影响的实证研究［J］．南开管理评论，2010，13（1）：90－98.

［45］李孔岳，叶艳．先赋性、后致性政治关系与社会责任——基于重污染行业民营企业的经验数据［J］．中山大学学报（社会科学版），2016，56（4）：

156－165.

［46］李璐，张龙平．WGEA 的全球性环境审计调查结果：分析与借鉴［J］．审计研究，2012（1）：33－39.

［47］李世刚．高管团队的国际化视野、企业社会责任履行与公司价值［J］．当代财经，2017（11）：123－132.

［48］李四海．制度环境、政治关系与企业捐赠［J］．中国会计评论，2010，8（2）：161－178.

［49］李伟阳，肖红军．企业社会责任的逻辑［J］．中国工业经济，2011（10）：87－97.

［50］李秀玉，李倩雯，史亚雅．媒体监督对社会责任报告鉴证的影响研究［J］．经济与管理评论，2019，35（6）：81－92.

［51］李增福，汤旭东，连玉君．中国民营企业社会责任背离之谜［J］．管理世界，2016（9）：136－148.

［52］李正，官峰，李增泉．企业社会责任报告鉴证活动影响因素研究——来自我国上市公司的经验证据［J］．审计研究，2013（3）：102－112.

［53］李正，李增泉．企业社会责任报告鉴证意见是否具有信息含量——来自我国上市公司的经验证据［J］．审计研究，2012（1）：78－86.

［54］李姝，赵颖，童婧．社会责任报告降低了企业权益资本成本吗？——来自中国资本市场的经验证据［J］．会计研究，2013（9）：64－70＋97.

［55］黎文靖．所有权类型、政治寻租与公司社会责任报告：一个分析性框架［J］．会计研究，2012（1）：81－88.

［56］黎友焕，黎少容．社会责任标准 SA8000 对完善我国劳动者权益保障的启示［J］．中国行政管理，2008（6）：13－16.

［57］廖冠民，吴溪．收入操纵、舞弊审计准则与审计报告谨慎性［J］．审计研究，2013（1）：103－112.

［58］梁建，陈爽英，盖庆恩．民营企业的政治参与、治理结构与慈善捐赠［J］．管理世界，2010（7）：109－118.

［59］刘长翠，孔晓婷．社会责任会计信息披露的实证研究——来自沪市 2002 年—2004 年度的经验数据［J］．会计研究，2006（10）：36－43＋95.

［60］刘凤委，汪辉，孙铮．股权性质与公司业绩——基于盈余管理基础上的经验分析［J］．财经研究，2005（6）：96－106.

［61］刘美华，朱敏．股权性质、财务业绩与社会责任信息披露——来自中

国农林牧渔业上市公司的经验证据［J］．中国农村经济，2014（1）：38－48.

［62］刘敏，李大龙．收入平滑盈余管理对社会责任信息披露的影响——来自2009年深市上市公司的经验数据［J］．沈阳工业大学学报，2011（4）：355－358.

［63］刘艳华，张雅静，李文璐．企业社会责任、外资持股与财务绩效关系研究［J］．财会通讯，2020（15）：88－91＋96.

［64］刘姝雯，刘建秋，阳旸，杨胜刚．企业社会责任与企业金融化：金融工具还是管理工具？［J］．会计研究，2019（9）：57－64.

［65］刘英为，刘可风．西方企业伦理决策研究的新动态［J］．伦理学研究，2014（4）：65－70.

［66］龙文滨，宋献中．基于资源投入视角的社会责任决策与公司价值效应研究［J］．南开管理评论，2014，17（6）：41－52.

［67］卢代富．企业社会责任的经济学与法学分析［M］．北京：法律出版社，2002.

［68］卢柯，冉明东，李芳芳．经济后果学说的代表作——泽夫的《经济后果学说的兴起》评析［J］．财会通讯（综合版），2007（11）：88－90.

［69］卢现祥，朱巧玲．新制度经济学（第二版）［M］．北京：北京大学出版社，2012.

［70］孟晓俊，肖作平，曲佳莉．企业社会责任信息披露与资本成本的互动关系——基于信息不对称视角的一个分析框架［J］．会计研究，2010（9）：25－29.

［71］潘越，戴亦一，林超群．信息不透明、分析师关注与个股暴跌风险［J］．金融研究，2011（9）：138－151.

［72］彭旋，王雄元．客户信息披露降低了企业股价崩盘风险吗［J］．山西财经大学学报，2016，38（5）：69－79＋89.

［73］彭中文，王媚华，倪佳杰．政治关系、经营业绩与企业社会责任——基于高端装备制造业上市公司的面板数据［J］．软科学，2015，29（3）：19－22.

［74］钱明，徐光华，沈弋．社会责任信息披露、会计稳健性与融资约束——基于产权异质性的视角［J］．会计研究，2016（5）：9－17＋95.

［75］仇冬芳，徐丽敏．民营资本高管政治关系与企业社会责任绩效——来自中小企业板的数据［J］．软科学，2015，29（1）：11－14＋19.

［76］权小锋，吴世农，尹洪英．企业社会责任与股价崩盘风险：“价值利器”或“自利工具”［J］．经济研究，2015，50（11）：49－64.

［77］沈弋，徐光华，王正艳．“言行一致”的企业社会责任信息披露——

大数据环境下的演化框架［J］. 会计研究，2014（9）：29 －36 +96.

［78］沈洪涛，陈涛，黄楠. 身不由己还是心甘情愿：社会责任报告鉴证决策的事件史分析［J］. 会计研究，2016（3）：79 －86 +96.

［79］沈洪涛，王立彦，万拓. 社会责任报告及鉴证能否传递有效信号？——基于企业声誉理论的分析［J］. 审计研究，2011（4）：87 －93.

［80］沈烈，孙德芝，康均. 论人本和谐的企业内部控制环境构建［J］. 审计研究，2014（6）：108 －112.

［81］施先旺，胡沁，徐芳婷. 市场化进程、会计信息质量与股价崩盘风险［J］. 中南财经政法大学学报，2014（4）：80 －87 +96.

［82］孙蔓莉. 公司年报中的印象管理行为研究［M］. 北京：中国人民大学出版社，2005.

［83］孙岩. 社会责任信息披露的清晰性、第三方鉴证与个体投资者的投资决策——一项实验证据［J］. 审计研究，2012（4）：97 －104.

［84］唐国平，李龙会，吴德军. 环境管制、行业属性与企业环保投资［J］. 会计研究，2013（6）：83 －89 +96.

［85］唐跃军，左晶晶，李汇东. 制度环境变迁对公司慈善行为的影响机制研究［J］. 经济研究，2014，49（2）：61 －73.

［86］陶春华，杨思静，林晚发. 公司治理、企业社会责任与股价崩盘风险［J］. 湘潭大学学报（哲学社会科学版），2015，39（6）：50 －56.

［87］涂铭，景奉杰，鄢丙胜，汪兴东. 得道者多助：企业社会责任与顾客公民行为［J］. 经济与管理研究，2013（3）：94 －101.

［88］万寿义，刘正阳. 制度背景、公司价值与社会责任成本——来自沪深300 指数上市公司的经验证据［J］. 南开管理评论，2013，16（1）：83 －91 +121.

［89］万俊人. 论道德目的论与伦理道义论［J］. 学术月刊，2003（1）：75 －84.

［90］王海姝，吕晓静，林晚发. 外资参股和高管、机构持股对企业社会责任的影响——基于中国 A 股上市公司的实证研究［J］. 会计研究，2014（8）：81 －87 +97.

［91］王建玲，李玥婷，吴璇. 企业社会责任报告与债务资本成本——来自中国 A 股市场的经验证据［J］. 山西财经大学学报，2016，38（7）：113 －124.

［92］王建明. 环境信息披露、行业差异和外部制度压力相关性研究——来自我国沪市上市公司环境信息披露的经验证据［J］. 会计研究，2008（6）：54 －62.

[93] 王清刚，徐欣宇．企业社会责任的价值创造机理及实证检验——基于利益相关者理论和生命周期理论［J］．中国软科学，2016（2）：179－192.

[94] 王淑芹，牟海林．论企业社会责任的伦理文化基础［J］．伦理学研究，2010（5）：110－114＋141.

[95] 王新，李彦霖，李方舒．企业社会责任与经理人薪酬激励有效性研究——战略性动机还是卸责借口？［J］．会计研究，2015（10）：51－58＋97.

[96] 王永钦，张晏，章元，陈钊，陆铭．中国的大国发展道路——论分权式改革的得失［J］．经济研究，2007（1）：4－16.

[97] 温素彬，方苑．企业社会责任与财务绩效关系的实证研究——利益相关者视角的面板数据分析［J］．中国工业经济，2008（10）：150－160.

[98] 吴德军．责任指数、公司性质与环境信息披露［J］．中南财经政法大学学报，2011（5）：49－54.

[99] 吴联生，林景艺，王亚平．薪酬外部公平性，股权性质与公司业绩［J］．管理世界，2010（3）：117－126.

[100] 吴延兵．国有企业双重效率损失再研究［J］．当代经济科学，2015，37（1）：1－10＋124.

[101] 肖华，张国清．公共压力与公司环境信息披露——基于“松花江事件”的经验研究［J］．会计研究，2008（5）：15－22.

[102] 邢立全，陈汉文．产品市场竞争、竞争地位与审计收费——基于代理成本与经营风险的双重考量［J］．审计研究，2013（3）：50－58.

[103] 辛宇，左乃健．企业社会责任履行的影响因素——基于股权性质的视角［J］．当代会计评论，2013（2）：102－121.

[104] 徐珊，黄健柏．企业产权、社会责任与权益资本成本［J］．南方经济，2015（4）：76－92.

[105] 徐雪松．企业慈善行为研究［D］．上海：同济大学，2007.

[106] 许家林，徐荣．论企业社会责任报告模式的演变与现实选择［J］．中南财经政法大学学报，2011（5）：41－48＋143.

[107] 许年行，江轩宇，伊志宏，徐信忠．分析师利益冲突、乐观偏差与股价崩盘风险［J］．经济研究，2012，47（7）：127－140.

[108] 许年行，于上尧，伊志宏．机构投资者羊群行为与股价崩盘风险［J］．管理世界，2013（7）：31－43.

[109] 薛文艳，侯姝敏．企业社会责任报告编制初探［J］．太原大学学报，

2008 (1): 47 - 49.

[110] 杨汉明，吴丹红. 企业社会责任信息披露的制度动因及路径选择——基于“制度同形”的分析框架 [J]. 中南财经政法大学学报，2015 (1): 55 - 62.

[111] 杨旻. 借鉴国外经验构建企业社会责任报告指标体系 [J]. 财会月刊，2009 (26): 73 - 74.

[112] 易宪容. 现代合约经济学导论 [M]. 北京：中国社会科学出版社，1997.

[113] 余明桂，回雅甫，潘红波. 政治联系、寻租与地方政府财政补贴有效性 [J]. 经济研究，2010 (3): 65 - 77.

[114] 余玉苗，王宇生. 银行治理、股权结构与审计收费——基于 A 股上市公司的经验证据 [J]. 审计研究，2011 (4): 79 - 86.

[115] 于忠泊，田高良，齐保垒，张 皓. 媒体关注的公司治理机制——基于盈余管理视角的考察 [J]. 管理世界，2011 (9): 127 - 140.

[116] 曾萍. 企业伦理与社会责任 [M]. 北京：机械工业出版社，2011.

[117] 张敦力，李四海. 社会信任、政治关系与民营企业银行贷款 [J]. 会计研究，2012 (8): 17 - 24 + 96.

[118] 张海锋，张卓. 区域内企业社会责任信息披露的交互影响：意愿、质量与企业密度——基于省域 A 股上市公司的数据分析 [J]. 现代财经（天津财经大学学报），2020，40 (8): 100 - 113.

[119] 张玲，刘启亮. 治理环境，控制人性质与债务契约假说 [J]. 金融研究，2009 (2): 102 - 115.

[120] 张琦，吕敏康. 政府预算公开中媒体问责有效吗? [J]. 管理世界，2015 (6): 72 - 84.

[121] 张维迎，柯荣住. 信任及其解释：来自中国的跨省调查分析 [J]. 经济研究，2002 (10): 59 - 70.

[122] 张锡勤. 以唯物史观为指导编写《中国伦理思想史》 [J]. 伦理学研究，2015 (6): 45 - 48.

[123] 张兆国，梁志钢，尹开国. 利益相关者视角下企业社会责任问题研究 [J]. 中国软科学，2012 (2): 139 - 146.

[124] 张正勇. 中国上市公司社会责任报告信息质量影响因素研究 [D]. 成都：西南财经大学，2011.

[125] 赵刚，梁上坤，王玉涛. 会计稳健性与银行借款契约——来自中国上

市公司的经验证据 [J]. 会计研究, 2014 (12): 18 -24 +95.

[126] 赵纯祥, 罗飞. 市场竞争、管理者权力与薪酬粘性 [J]. 当代财经, 2013 (10): 76 -85.

[127] 赵颖, 马连福. 海外企业社会责任信息披露研究综述及启示 [J]. 证券市场导报, 2007 (8): 14 -22.

[128] 郑若娟. 中国重污染行业环境信息披露水平及其影响因素 [J]. 经济管理, 2013 (7): 35 -46.

[129] 钟向东, 樊行健. 企业社会责任, 财务业绩与盈余管理关系的研究 [J]. 财会月刊 (理论版), 2011 (9): 14 -18.

[130] 邹萍. "言行一致" 还是 "投桃报李"? ——企业社会责任信息披露与实际税负 [J]. 经济管理, 2018, 40 (3): 159 -177.

[131] 周一虹, 牛成喆, 杨肃昌. 公司环境报告: 压力、鉴定和双重性影响 [J]. 生态经济, 2006 (10): 448 -451.

[132] 周中胜, 何德旭, 李正. 制度环境与企业社会责任履行: 来自中国上市公司的经验证据 [J]. 中国软科学, 2012 (10): 59 -68.

[133] 朱敏, 刘拯, 施先旺. 披露社会责任信息会影响审计收费吗——基于中国上市公司的经验证据 [J]. 山西财经大学学报, 2015, 37 (12): 113 -124.

[134] 朱敏, 施先旺. 会计稳健性与企业社会责任——来自中国上市公司的经验证据 [J]. 财会通讯, 2015 (33): 3 -6 +129.

[135] 朱敏, 施先旺, 郭艳婷. 企业社会责任动机: 于公还是于私——基于中国上市公司盈余质量的经验证据 [J]. 山西财经大学学报, 2014 (11): 87 -99.

[136] 朱乃平, 朱丽, 孔玉生, 沈阳. 技术创新投入、社会责任承担对财务绩效的协同影响研究 [J]. 会计研究, 2014 (2): 57 -63 +95.

[137] 朱松. 企业社会责任、市场评价与盈余信息含量 [J]. 会计研究, 2011 (11): 19 -23.

[138] 朱松, 陈关亭. 会计稳健性与审计收费: 基于审计风险控制策略的分析 [J]. 审计研究, 2012 (1): 87 -95.

[139] 朱焱, 王玉丹. 卖空机制与企业社会责任承担——基于中国融资融券制度的准自然实验研究 [J]. 会计研究, 2019 (12): 58 -64.

[140] 翟华云, 郑军, 方芳. 社会责任表现、报告鉴证与审计定价 [J]. 证券市场导报, 2014 (6): 32 -37.

[141] Agnew J. R, Szykman L. R. . Asset Allocation and Information Overload:

The Influence of Information Display, Asset Choice and Investor Experience [J]. Journal of Behavioral Finance, 2005, 6 (2): 57 -70.

[142] Akerlof G A. The Market for 'Lemons': Quality Uncertainty and the Market Mechanism [J]. The Quarterly Journal of Economics, 1970, 84 (3): 488 -500.

[143] Alchian A, Demsetz H. Production, Information Costs and Economic Organization [J]. American Economic Review, 1972, 62 (5): 777 -795.

[144] Ashbaugh H, LaFond R, Mayhew B W. Do Non-audit Services Compromise Auditor Independence? Further Evidence [J]. The Accounting Review, 2003, 78 (3): 611 -639.

[145] Ball R, Kothari S P, Robin A. The Effect of International Institutional Factors on Properties of Accounting Earnings [J]. Journal of Accounting and Economics, 2000, 29 (1): 1 -51.

[146] Barnea A, Heinkel R, Kraus A. Corporate Social Responsibility, Stock Prices and Tax Policy [J]. Canadian Journal of Economics, 2013, 46 (3): 1066 - 1084.

[147] Barnett M L. Stakeholder Influence Capacity and the Variability of Financial Returns to Corporate Social Responsibility [J]. Academy of Management Review, 2007, 32 (3): 794 -816.

[148] Basu S. The Conservatism Principle and the Asymmetric Timeliness of Earnings [J]. Journal of Accounting and Economics, 1997, 24 (1): 3 -37.

[149] Bertels S, Peloza J. Running Just to Stand Still? Managing CSR Reputation in an Era of Ratcheting Expectations [J]. Corporate Reputation Review, 2008, 11 (1): 56 -72.

[150] Branco M C, Rodrigues L L. Factors Influencing Social Responsibility Disclosure by Portuguese Companies [J]. Journal of Business Ethics, 2008, 83 (4): 685 -701.

[151] Burgstahler D. , Dichev I. Earnings Management to Avoid Earnings Decreases and Losses [J]. Journal of Accounting and Economics, 1997, 24 (1): 99 -126.

[152] Bushman R M, Piotroski J D, Smith A J. What Determines Corporate Transparency? [J]. Journal of Accounting Research, 2004, 42 (2): 207 -252.

[153] Callan S. J. , Thomas J. M. . Corporate Financial Performance and Corporate Social Performance: An Update and Reinvestigation [J]. Corporate Social Re-

sponsibility and Environmental Management, 2009, 16 (2): 61 -78.

[154] Campbell J L. Why Would Corporations Behave in Socially Responsible Ways? An Institutional Theory of Corporate Social Responsibility [J]. Academy of management Review, 2007, 32 (3): 946 -967.

[155] Campbell J Y, Cochrane J H. By Force of Habit: A Consumption-Based Explanation of Aggregate Stock Market Behavior [J]. Journal of Political Economy, 1999, 107 (2): 205 -251.

[156] Carroll A. B.. A Three-Dimensional Conceptual Model of Corporate Social Performance [J]. Academy of Management Review, 1979, 4 (4): 497 -505.

[157] Carroll A. B.. The Pyramid of Corporate Social Responsibility: Toward the Moral Management of Organizational Stakeholders [J]. Business Horizons, 1991, 34 (4): 39 -48.

[158] Chen J, Hong H, Stein J C.. Forecasting Crashes: Trading Volume, Past Returns, and Conditional Skewness in Stock Prices [J]. Journal of Financial Economics, 2001, 61 (3): 345 -381.

[159] Chen L, Srinidhi Bin, Tsang Albert, Yu Wei.. Corporate Social Responsibility, Audit Fees, and Audit Opinions [J]. Working Paper, George Mason University, 2012.

[160] Chih H. L., Shen C. H., Kang F. C.. Corporate Social Responsibility, Investor Protection, and Earnings Management: Some International Evidence [J]. Journal of Business Ethics, 2008, 79 (1 -2): 179 -198.

[161] Cho C H, Guidry R P, Hageman A M, Patten D M.. Do Actions Speak Louder than Words? An Empirical Investigation of Corporate Environmental Reputation [J]. Accounting, Organizations and Society, 2012, 37 (1): 14 -25.

[162] Cho C H, Patten D M.. The Role of Environmental Disclosures as Tools of Legitimacy: A Research Note [J]. Accounting, Organizations and Society, 2007, 32 (7): 639 -647.

[163] Choi J, Wang H.. Stakeholder Relations and the Persistence of Corporate Financial Performance [J]. Strategic Management Journal, 2009, 30 (8): 895 -907.

[164] Choi T. H., Jung J.. Ethical Commitment, Financial Performance, and Valuation: An Empirical Investigation of Korean Companies [J]. Journal of Business Ethics, 2008, 81 (2): 447 -463.

［165］ Choi T. H. , Pae J. . Business Ethics and Financial Reporting Quality: Evidence from Korea ［J］. Journal of Business Ethics, 2011, 103 (3): 403 -427.

［166］ Christmann P, Taylor G. . Firm Self-regulation Through International Certifiable Standards: Determinants of Symbolic Versus Substantive Implementation ［J］. Journal of International Business Studies, 2006, 37 (6): 863 -878.

［167］ Cohen D. A. , Zarowin P. . Accrual-Based and Real Earnings Management Activities around Seasoned Equity Offerings ［J］. Journal of Accounting and Economics, 2010, 50 (1): 2 -19.

［168］ Craswell A T, Francis J R, Taylor S L. . Auditor Brand Name Reputations and Industry Specializations ［J］. Journal of Accounting and Economics, 1995, 20 (3): 297 -322.

［169］ Dacin P A, Brown T J. . Corporate Branding, Identity, and Customer Response ［J］. Journal of the Academy of Marketing Science, 2006, 34 (2): 95 -98.

［170］ Dechow P. M. , Dichev I. . The Quality of Accruals and Earnings: The Role of Accrual Estimation Errors ［J］. The Accounting Review, 2002, 77 (s -1): 35 -59.

［171］ Dechow P. M. , Sloan R. G. , Sweeney A. P. . Detecting Earnings Management ［J］. The Accounting Review, 1995, 70 (2): 193 -225.

［172］ Deegan C, Gordon B. . A Study of Environmental Disclosure Practices of Australian Corporations ［J］. Accounting & Business Research, 1996, 26 (3): 187 -199.

［173］ Deegan C, Rankin M, Tobin J. . An Examination of the Corporate Social and Environmental Disclosures of BHP from 1983 ~1997: A Test of Legitimacy Theory ［J］. Accounting, Auditing & Accountability Journal, 2002, 15 (3): 312 -343.

［174］ Deegan C, Rankin M, Voght P. . Firms' Disclosure Reactions to Major Social Incidents: Australian Evidence ［C］. Paper presented at the 22nd European Accounting Association Congress, Bordeaux, 1999.

［175］ Dhaliwal D S, Radhakrishnan S, Tsang A, et al. . Nonfinancial Disclosure and Analyst Forecast Accuracy: International Evidence on Corporate Social Responsibility Disclosure ［J］. Accounting Review, 2012, 87 (3): 723 -759.

［176］ Ditlev-Simonsen C D, Midttun A. . What Motivates Managers to Pursue Corporate Responsibility? A Survey among Key Stakeholders ［J］. Corporate Social Responsibility and Environmental Management, 2011, 18 (1): 25 -38.

[177] Donaldson T, Preston L E.. The Stakeholder Theory of the Corporation: Concepts, Evidence, and Implications [J]. Academy of Management Review, 1995, 20 (1): 65-91.

[178] Fombrun C., Shanley M.. What' s in a Name? Reputation Building and Corporate Strategy [J]. Academy of Management Journal, 1990, 33 (2): 233-258.

[179] Francis J., LaFond R., Olsson P., Schipper K.. The Market Pricing of Accruals Quality [J]. Journal of Accounting and Economics, 2005, 39 (2): 295-327.

[180] Freeman R E, Evan W M.. Corporate Governance: A Stakeholder Interpretation [J]. Journal of Behavioral Economics, 1990, 19 (4): 337-359.

[181] Friedman A.. Foundations of modern analysis [M]. New York: Courier Dover Publications, 1970.

[182] Fritzsche D. J.. A model of Decision-Making Incorporating Ethical Values [J]. Journal of Business Ethics, 1991, 10 (11): 841-852.

[183] Gardberg N A, Fombrun C J.. Corporate Citizenship: Creating Intangible Assets Across Institutional Environment [J]. Academy of Management Review, 2006, 31 (2): 329-346.

[184] Gelb D S, Strawser J A.. Corporate Social Responsibility and Financial Disclosures: An Alternative Explanation for Increased Disclosure [J]. Journal of Business Ethics, 2001, 33 (1): 1-13.

[185] Godfrey P C, Hatch N A, Hansen J M.. Corporate Social Responsibility [J]. Proceedings of the International Association for Business & Society, 2005, 18 (4): 28-42.

[186] Godfrey P C, Merrill C B, Hansen J M.. The Relationship between Corporate Social Responsibility and Shareholder Value: an Empirical Test of the Risk Management Hypothesis [J]. Strategic Management Journal, 2009, 30 (4): 425-445.

[187] Goss A, Roberts G S.. The Impact of Corporate Social Responsibility on the Cost of Bank Loans [J]. Journal of Banking & Finance, 2011, 35 (7): 1794-1810.

[188] Gray R, Kouhy R, Lavers S. Corporate Social and Environmental Reporting: A Review of Literature and a Longitudinal Study of UK Disclosure [J]. Accounting, Auditing & Accountability Journal, 1995, 8 (2): 47-77.

[189] Greening D W, Turban D B. . Corporate Social Performance as a Competitive Advantage in Attracting A Quality Workforce [J]. Business & Society, 2000, 39 (3): 254 - 280.

[190] Harvey C, Siddique A. . Conditional Skewness in Asset Pricing Tests [J]. Journal of Finance, 2000, 55 (3): 1263 - 1295.

[191] Hay D C, Knechel W R, Wong N. . Audit Fees: A Meta - Analysis of the Effect of Supply and Demand Attributes [J]. Contemporary Accounting Research, 2006, 23 (1): 141 - 191.

[192] Heal, Geoffrey. Corporate Social Responsibility: An Economic and Financial Framework [J]. Geneva Papers on Risk and Insurance Issues and Practice, 2005, 30 (3): 387 - 409.

[193] Healy P M, Palepu K G. . Information Asymmetry, Corporate Disclosure, and the Capital Markets: A Review of the Empirical Disclosure Literature [J]. Journal of Accounting & Economics, 2001, 31 (1 - 3): 405 - 440.

[194] Heckman J. J. . Sample Selection Bias as a Specification Error [J]. Journal of the Econometric Society, 1979, 47 (1): 153 - 161.

[195] Hemingway C. A. , Maclagan P. W. . Managers' Personal Values as Drivers of Corporate Social Responsibility [J]. Journal of Business Ethics, 2004, 50 (1): 33 - 44.

[196] Hillman A J, Keim G D. . Shareholder Value, Stakeholder Management, and Social Issues: What's the Bottom Line? [J]. Strategic Management Journal, 2001, 22 (2): 125 - 139.

[197] Holder-Webb L, Cohen J R, Nath L, Wood D. . The Supply of Corporate Social Responsibility Disclosures among US Firms [J]. Journal of Business Ethics, 2009, 84 (4): 497 - 527.

[198] Hong Y, Andersen M. L. The Relationship between Corporate Social Responsibility and Earnings Management: An Explanatory Study [J]. Journal of Business Ethics, 2011, 104 (4): 461 - 471.

[199] Hutton A P, Marcus A J, Tehranian H. . Opaque Financial Reports, R2, and Crash Risk [J]. Journal of Financial Economics, 2009, 94 (1): 67 - 86.

[200] Hong H, Kacperczyk M. . The Price of Sin: The Effects of Social Norms on Markets [J]. Journal of Financial Economics, 2009, 93 (1): 15 - 36.

[201] Hong H, Stein J C.. Differences of Opinion, Short Sales Constraints, and Market Crashes [J]. Review of Financial Studies, 2003, 16 (2): 487 -525.

[202] Idowu S O, Filho W L. Global Practices of Corporate Social Responsibility [M]. Berlin: Springer, 2009.

[203] Ioannou I, Serafeim G.. The Impact of Corporate Social Responsibility on Investment Recommendations: Analysts' Perceptions and Shifting Institutional Logics [J]. Strategic Management Journal, 2015, 36 (7): 1053 -1081.

[204] Jawahar I M, Mclaughlin G L.. Toward a Descriptive Stakeholder Theory: An Organizational Life Cycle Approach [J]. Academy of Management Review, 2001, 26 (3): 397 -414.

[205] Jensen M., Meckling W.. Theory of the firm: Managerial Behavior, Agency Costs, and Ownership Structure [J]. Journal of Financial Economics, 1976, 3 (4): 305 -360.

[206] Jin L, Myers S C.. R2 around the World: New Theory and New Tests [J]. Journal of Financial Economics, 2006, 79 (2): 257 -292.

[207] Kassinis G., Vafeas N.. Stakeholder Pressures and Environmental Performance [J]. Academy of Management Journal, 2006, 49 (1): 145 -159.

[208] Khan M, Watts R L.. Estimation and Empirical Properties of a Firm-year Measure of Accounting Conservatism [J]. Journal of Accounting and Economics, 2009, 48 (2 -3): 132 -150.

[209] Kim Dong-young, Kim Jeong Yeon. Effects of Corporate Social Responsibility and Corporate Governance on determining Audit Fees [J]. International Journal of Multimedia and Ubiquitous Engineering, 2013, 8 (3): 189 -196.

[210] Kim J-B, Li Y, Zhang L.. CFOs versus CEOs: Equity Incentives and Crashes [J]. Journal of Financial Economics, 2011, 101 (3): 713 -730.

[211] Kim J-B, Zhang L.. Accounting Conservatism and Stock Price Crash Risk: Firm-level Evidence [J]. Contemporary Accounting Research, 2016, 33 (1): 412 -441.

[212] Kim Y, Li H, Li S.. Corporate Social Responsibility and Stock Price Crash Risk [J]. Journal of Banking & Finance, 2014, 43 (6): 1 -13.

[213] Kim Y., Park M. S., Wie B.. Is Earnings Quality associated with Corporate Social Responsibility? [J]. The Accounting Review, 2012, 87 (3): 761 -796.

[214] Kim Y, Statman M. . Do Corporations Invest Enough in Environmental Responsibility? [J]. Journal of Business Ethics, 2012, 105 (1): 115 -129.

[215] Koehn D. , Ueng J. . Is Philanthropy being used by Corporate Wrongdoers to Buy Good Will? [J]. Journal of Management and Governance, 2010, 14 (1): 1 -16.

[216] Kothari S. P. , Leone A. J. , Wasley C. E. . Performance Matched Discretionary Accrual Measures [J]. Journal of Accounting and Economics, 2005, 39 (1): 163 -197.

[217] Lacey R, Kennett-Hensel P A. . Longitudinal Effects of Corporate Social Responsibility on Customer Relationships [J]. Journal of Business Ethics, 2010, 97 (4): 581 -597.

[218] Laksmana I, Yang Y. Corporate Citizenship and Earnings Attributes [J]. Advances in Accounting, 2009, 25 (1): 40 -48.

[219] Leuz C, Nanda D, Wysocki P D. . Earnings Management and Investor Protection: An international Comparison [J]. Journal of Financial Economics, 2003, 69 (3): 505 -527.

[220] Li Yue, Simunic D, Ye Minlei. . Corporate Environmental Risk Exposure and Audit Fees [J]. Working Paper, University of Toronto, 2014.

[221] Linthicum C. , Reitenga A. , Sanchez J. . Social Responsibility and Corporate Reputation: The Case of the Arthur Andersen Enron Audit Failure [J]. Journal of Accounting and Public Policy, 2010, 29 (2): 160 -176.

[222] Luo X, Bhattacharya C B. . Corporate Social Responsibility, Customer Satisfaction, and Market Value [J]. Journal of Marketing, 2006, 70 (4): 1 -18.

[223] Marin J M, Olivier J P. . The Dog That Did not Bark: Insider Trading and Crashes [J]. The Journal of Finance, 2008, 63 (5): 2429 -2476.

[224] Mcguire S T, Newton N J, Omer T C, et al. . Does Local Religiosity Impact Corporate Social Responsibility? [J]. Social Science Electronic Publishing, 2012, 86 (4): 178 -191.

[225] McWilliams A. , Siegel D. . Corporate Social Responsibility and Financial Performance: Correlation or Misspecification? [J]. Strategic Management Journal, 2000, 21 (5): 603 -609.

[226] McWilliams A. , Siegel D. , Wright P. M. . Corporate Social Responsibility: Strategic Implications [J]. Journal of Management Studies, 2006, 43 (1): 1 -18.

[227] Milne M J, Patten D M.. Securing Organizational Legitimacy: An Experimental Decision Case Examining the Impact of Environmental Disclosures [J]. Accounting, Auditing & Accountability Journal, 2002, 15 (3): 372-405.

[228] Monterio B.. An XBRL Update [J]. Strategic Finance, 2010, 92 (1): 22-24.

[229] Morimoto R, Ash J, Hope C.. Corporate Social Responsibility Audit: From Theory to Practice [J]. Journal of Business Ethics, 2005, 62 (4): 315-325.

[230] Moskowitz M R.. Choosing Socially Responsible Stocks [J]. Business and Society Review, 1972, 1 (1): 71-75.

[231] Murillo-Luna J L, Garcés-Ayerbe C, Rivera-Torres P.. Why Do Patterns of Environmental Response Differ? A Stakeholders' Pressure Approach [J]. Strategic Management Journal, 2008, 29 (11): 1225-1240.

[232] Orlitzky M, Schmidt F L, Rynes S L.. Corporate Social and Financial Performance: A Meta-Analysis [M]. Palgrave Macmillan UK, 2008.

[233] Pagano M, Volpin P F.. Shareholder Protection, Stock Market Development, and Politics [J]. Social Science Electronic Publishing, 2005, 4 (2-3): 315-341.

[234] Patten D M.. Exposure, Legitimacy and Social Disclosure [J]. Journal of Accounting and Public Policy, 1992, 10 (4): 297-308.

[235] Petersen M. A.. Estimating Standard Errors in Finance Panel Datasets: Comparing Approaches [J]. Review of Financial Studies, 2009, 22 (1): 435-480.

[236] Petersen R P, Pant P, Lopez P, Barton P, Ignowski A, Josephson D J.. Voltage Transient Detection and induction For Debug and Test [C]. Test Conference, 2009, ITC 2009. international, 2009.

[237] Petroni K. R.. Optimistic Reporting in the Property-Casualty Insurance Industry [J]. Journal of Accounting and Economics, 1992, 15 (4): 485-505.

[238] Petrovits C. M.. Corporate-Sponsored Foundations and Earnings Management [J]. Journal of Accounting and Economics, 2006, 41 (3): 335-362.

[239] Phillips R., Freeman R. E., Wicks A. C.. What Stakeholder Theory is Not [J]. Business Ethics Quarterly, 2003, 13 (4): 479-502.

[240] Porter M E, Kramer M R.. The Competitive Advantage of Corporate Philanthropy [J]. Harvard Business Review, 2002, 80 (12): 56-68.

[241] Porter M. E. , Kramer M. R. . Strategy and Society: The Link between Competitive Advantage and Corporate Social Responsibility [J]. Harvard Business Review, 2006, 84 (12): 78 -92.

[242] Prior D. , Surroca J. , Tribo J. A. . Are Socially Responsible Managers Really Ethical? Exploring the Relationship Between Earnings Management and Corporate Social Responsibility [J]. Corporate Governance, 2008, 16 (3): 160 -177.

[243] Rajgopal S. , Venkatachalam M. . Financial Reporting Quality and Idiosyncratic Return Volatility [J]. Journal of Accounting and Economics, 2011, 51 (1): 1 -20.

[244] Reid R D, Sanders N R. . Operations Management: an Integrated Approach [M]. John Wiley, 2005.

[245] Reinhardt F, Stavins R, Vietor R. . Corporate Social Responsibility through an Economic Lens [J]. Review of Environmental Economics and Policy, 2008, 2 (2): 219 -239.

[246] Roberts P W, Dowling G R. . Corporate Reputation and Sustained Superior Financial Performance [J]. Strategic Management Journal, 2002, 23 (12): 1077 -1093.

[247] Ruf B. M. , Muralidhar K. , Brown R. M. , Janney J. J. , Paul K. . An Empirical Investigation of the Relationship between Change in Corporate Social Performance and Financial Performance: A Stakcholder Theory Perspective [J]. Journal of Business Ethics, 2001, 32 (2): 143 -156.

[248] Sánchez C M. . Motives for Corporate Philanthropy in El Salvador: Altruism and Political Legitimacy [J]. Journal of Business Ethics, 2000, 27 (4): 363 -375.

[249] Sharfman M P, Fernando C S. . Environmental Risk Management and the Cost of Capital [J]. Strategic Management Journal, 2008, 29 (6): 569 -592.

[250] Simon H. A. . A Behavioral Model of Rational Choice [J]. The Quarterly Journal of Economics, 1955, 69 (1): 99 -118.

[251] Simnett R, Nugent M, Huggins A L. . Developing an international Assurance Standard on Greenhouse Gas Statements [J]. Accounting Horizons, 2009, 23 (4): 347 -363.

[252] Simunic D. . The Pricing of Audit Services: Theory and Evidence [J]. Journal of Accounting Research, 1980, 18 (1): 161 -190.

[253] Smith J V D L, Adhikari A, Tondkar R H.. Exploring Differences in Social Disclosures Internationally: A Stakeholder Perspective [J]. Journal of Accounting and Public Policy, 2005, 24 (2): 123 – 151.

[254] Sunder S.. Stationary of Market Risk: Random Coefficients Tests for Individual Stocks [J]. Journal of Finance, 2012, 35 (4): 883 – 896.

[255] Turban D B, Greening D W.. Corporate Social Performance and Organizational Attractiveness to Prospective Employees [J]. Academy of Management Journal, 1997, 40 (3): 658 – 672.

[256] Tuzzolino F., Armandi B. R... A need-hierarchy framework for assessing corporate social responsibility [J]. Academy of Management Review, 1981, 6 (1): 21 – 28.

[257] Waddock S. A., Graves S. B.. The Corporate Social Performance-Financial Performance Link [J]. Strategic Management Journal, 1997, 18 (4): 303 – 319.

[258] Watts R. L., Zimmerman J. L.. Positive Accounting Theory [M]. New Jersey: Prentice Hall, 1986.

[259] Weaver G R, Trevino L K, Cochran P L.. Corporate Ethics Practices in the Mid-1990's: An Empirical Study of the Fortune 1000 [J]. Journal of Business Ethics, 1999, 18 (3): 283 – 294.

后　记

本书是在我博士学位论文基础之上修改完成。选题的最初动因来自我和导师施先旺教授合作发表的一篇基于盈余质量研究企业社会责任动机的论文，此后我们又合作从审计收费的角度研究了企业社会责任的经济后果，正是在这些论文的写作过程中，我逐渐有了将系统性地探讨企业社会责任行为动机与经济后果作为我博士学位论文研究课题的想法。

时光荏苒，在中南财经政法大学攻读博士学位的求学生涯中，我学到了很多，收获了很多，回首这段充满艰辛、喜悦与幸福的学习时光，不禁心潮澎湃。而今，这本专著的出版标志着我这些年辛苦研究的成果终于得以圆满，我可以怀着更加轻松的心态踏上新的研究征程！

本书的顺利完成得益于很多老师、朋友和家人的帮助，在此我要向众多给予我指导和帮助的老师及同学们、工作单位的领导及同事们以及我的亲人们表示最衷心的感谢！

我要特别感谢我的恩师施先旺教授。施老师是我学术生涯的引路人，他治学态度严谨、专业学识渊博、工作作风踏实，对学术热点非常敏锐，在我的研究工作遇到困惑时，总能寥寥数语就能为我指点迷津。我的博士论文从选题、开题，到撰写再到定稿的每一个环节，施老师都给予我认真细致的指导。施老师不仅在学术上指引我，而且教我快乐生活，愉快学习，他乐观豁达的生活态度与宽宏亲切的待人方式潜移默化地影响着我，能够成为施老师的学生，是我这一生莫大的荣幸。

在中南财经政法大学攻读博士学位期间，我得到了会计学院许多老师的教诲和同学的帮助。感谢会计学院院长张敦力教授在学业方面给予我的关心；感谢冉明东教授在 STATA 软件操作及实证论文撰写方面给予我的指导和帮助；感谢会计学院各位教授在我博士课程学习期间、论文答辩期间给予的教诲，这将是我今后学术生涯中的宝贵财富。感谢 2012 级博士班的同学们以及我所在学习小组中的同门师弟师妹李志刚、李钻、梁箫、贺跃、王成龙、刘拯、郭艳婷、胡沁、徐芳婷、刘琪、贾晓莉等的支持和帮助，我们一起学习，共同进步。每周的集中讨论和茶余饭后的交流开拓了我的思路，紧张的论文写作过程中因为有你们的陪伴我不再孤单彷徨。

感谢国家社会科学基金项目：长江经济带战略性新兴产业集群协同创新模式及其路径研究（16BGL201）、安徽省高校人文社会科学研究重点项目：基于社会责任大数据的知识产权质押融资价值评估模型及其应用研究（编号：SK2020A0214）、安徽工程大学经济与管理学院管理科学与工程一流学科建设经费对本书出版给予的资助，感谢学校和学院的领导和老师们，在我读博进修期间，给予我最大的理解和支持，鼓励我在外安心学习，帮我分担教学任务，无论何时都热情地关心着我，在此致以诚挚的谢意。

最后，我要感谢我的家人。感谢父亲和母亲多年来给予我的关怀、爱护和鼓励，为我的成长倾注了大量心血，在我读博期间帮我照顾孩子、操持家务，正是有了父母的大力支持，才使我能够安心学业，专心写作，而今父亲已离开我们两年了，愿他在天堂一切安好。作为一名救死扶伤的医务工作者，我的丈夫工作繁忙，但对于我的工作和学习总是大力支持，这是我前进道路上的动力与依靠；读博期间我常常离家去武汉，不能每天陪伴在女儿左右，女儿总是对我给予理解和鼓励，这是我学术研究道路上的莫大安慰。

感谢所有关心和支持我的人，本书献给你们！

朱敏

2020 年 8 月 30 日